神秘的汉字 ②

［日］白川静／监修
［日］小山铁郎／著
刘名扬／译

重庆出版集团 重庆出版社

版贸核渝字(2015)第152号

SHIRAKAWA SHIZUKA SAN NI MANABU KANJI WA KOWAI by Tetsuro Koyama
Copyright © Tetsuro Koyama 2007
All rights reserved.
Original Japanese edition published by K.K.Kyodo News

Simplified Chinese translation copyright © 2018 by Chongqing Publishing House.,Ltd
This Simplified Chinese edition published by arrangement with Tetsuro Koyama,Tokyo, through HonnoKizuna, Inc., Tokyo, andShinwon Agency Co. Beijing Representative Office, Beijing

图书在版编目(CIP)数据

神秘的汉字.2/(日)白川静监修;(日)小山铁郎著;刘名扬译. —重庆:重庆出版社,2018.5
ISBN 978-7-229-12994-1

Ⅰ.①神… Ⅱ.①白… ②小… ③刘… Ⅲ.①汉字—青少年读物 Ⅳ.①H12-49

中国版本图书馆CIP数据核字(2018)第003582号

神秘的汉字2
SHENMI DE HANZI 2

[日]白川静　监修　[日]小山铁郎　著　刘名扬　译

插　　画：[日]滨村祐
责任编辑：刘　嘉
责任校对：杨　婧
封面设计：严春艳

重庆出版集团
重庆出版社　出版

重庆市南岸区南滨路162号1幢　邮政编码：400061　http://www.cqph.com
重庆出版社艺术设计有限公司制版
重庆市国丰印务有限责任公司印刷
重庆出版集团图书发行有限公司发行
邮购电话：023-61520646
全国新华书店经销

开本：880mm×1230mm　1/32　印张：9.75　字数：250千
2018年5月第1版　2018年5月第1次印刷
ISBN 978-7-229-12994-1
定价：45.00元

如有印装质量问题，请向本集团图书发行公司调换：023-61520678

版权所有　侵权必究

序

　　许多读者表示，读完笔者的前作《神秘的汉字1》后，才惊觉"原来汉字还有这么令人恐惧的一面"。

　　"道"字代表手持异族首级走在道路上。"真"代表暴尸荒野的死者。"取"代表在战场上割下敌方的左耳……原书虽讲述了"汉字原来可以这么快乐"的一面，但教人感觉的或许是"汉字原来可以这么令人恐惧"的因素。

　　笔者原本就感觉："汉字的起源，其实颇让人毛骨悚然……"这下又收到了类似的意见，因此撰写这本续篇时，便决定以"汉字原来可以这么令人恐惧"为方向，开始朝这方向写，试图借由本书，进一步揭露潜藏于我们平日使用的汉字中的"恐惧"成分。

　　透过细心研究汉字的源头甲骨文与青铜器上的金文等古字，白川静先生建构出了崭新的汉字学体系，并因此伟大功绩，在日本获颁文化勋章。很幸运的是，笔者经过向白川静先生当面请益而写成的《神秘的汉字1》，在日本广受从对汉字感兴趣的小学生到年迈读者的欢迎，亦获某些中学、高中、大学采用为辅助教材，激发了日本社会大众学习汉字的兴趣，让笔者深感欣慰。

　　白川文字学的特征，就是只要理解一个字

1

的结构，便能同时理解一系列的相关文字。汉字不仅是单纯的符号，每个文字都拥有个别的意涵，彼此也以故事性的体系相互联结。这种解读方式似乎教许多人大吃一惊，不少读者表示，如此读来，让人深有"恍然大悟"之感。

"汉字无须一一牢记。只要理解其意义与结构，就能自然而然地牢记不忘。"前作所获得的回响，证实了白川静先生常挂在嘴上的这番话的确不假，对笔者也是莫大的鼓舞。

此外，白川静先生的汉字学，也能让人透过理解不同汉字之间的关联，清楚窥见远古中国人是如何看待自己生息的社会、自然和宇宙。以现代的价值观来看，本书中所介绍的大多数汉字的确很"恐怖"。但这不过是古人为积极解释自己身处的世界所做的尝试，而汉字整体这种系统性的关联，就是这番努力的具体呈现。这点还请大家务必了解。

如前文所述，这本《神秘的汉字2》乃是白川静文字学的入门书《神秘的汉字1》的续篇，但独立阅读亦不减损其乐趣。

希望大家都能透过学习这些"令人恐惧的汉字"，再次体验认识汉字的惊人源起所带来的乐趣，并在自己心中发现古人残留的面影，感受到远古的中国人和现代的日本人至今仍透过汉字紧紧相系。笔者认为，这种发现才是真正的"恍然大悟"。

与【王】有关的汉字 1

[王][往][狂][汪][旺][匡][皇][煌][士]
[仕][吉][结][诘][颉][父][斧][钺][越]
[威]

 ## 与【堇】有关的汉字 17

[叹][叹][艰][艮][暵][熯][堇][墐][殣]
[谨][馑][仅][勤][汉]

 ## 与【而】有关的汉字 31

[而][需][儒][濡][嬬][耐][耑][端][瑞][颛]

 ## 与【微】有关的汉字 38

[兀][髟][敳][微][蔜][征][惩][徽]

 ## 与【由】有关的汉字 48

[由][卣][油][抽][宙][笛][轴][岫][袖][釉]

与【主】有关的汉字 55
［主］［叟］［柱］［住］［驻］［注］［注］

与【夭】有关的汉字 61
［夭］［笑］［若］［诺］［匿］［妖］［殀］［死］［笑］
［昊］［矢］［娱］［虞］［误］［悮］

与【女】有关的汉字 74
［女］［如］［茹］［恕］［安］［按］［妻］［每］［敏］
［捷］［繁］［毒］［齐］［斋］［参］

与【帚】有关的汉字 88
［帚］［妇］［扫］［除］［归］［浸］［侵］［寝］

与【力】有关的汉字 100
［力］［男］［加］［嘉］［帑］［静］［动］［働］［奴］
［努］［勤］［劳］［烌］［务］［勉］［励］［劝］［蘼］
［观］［欢］［劣］［朕］［媵］［胜］

与【委】有关的汉字 119
［委］［年］［季］［萎］［瘘］［矮］［透］［禾］［秀］
［秃］［颓］［穆］［米］［稻］［穗］［倭］

与【方】有关的汉字 132
［方］［放］［仿］［边］［防］［妨］［纺］［访］［寻］
［祊］［彷］［坊］［房］［窜］

第十三章 与【白】有关的汉字 147
[川][水][白][伯][鬼][神][魂][魄][敀]
[迫][敫][徼][邀][窍][檄][激][道]

第十四章 与【非】有关的汉字 164
[非][不][扉][枢][排][辈][俳][优][诽]
[悲][悱][罪][早][是][匙][匕]

第十五章 与【甬】有关的汉字 180
[用][甬][桶][通][痛][樋][踊][涌][蛹]
[俑][勇]

第十六章 与【辰】有关的汉字 189
[蜃][辰][农][浓][脓][辱][耨][薅][褥]
[缛][娠][身][孕][乃][壬][任][妊][震]
[脤][振][赈][屑][唇]

第十七章 与【古】、【吾】有关的汉字 211
[古][干][固][枯][涸][个][五][吾][攷]
[敔][言][语][悟][四][六][垚][陆][七]
[八][九][虫][禹][龙][十]

第十八章 与【咸】有关的汉字 225
[咸][钺][缄][感][撼][憾][减][沓][盗]
[盟][明][贼][戍]

第十九章 与【酒】有关的汉字 237

［酉］［酒］［曾］［甑］［层］［酋］［犹］［尊］［爵］
［樽］［俎］［循］［遵］［医］［殳］［投］［殴］［配］
［即］［食］［卿］［乡］［飨］［响］

第二十章 与【郁】（鬱）有关的汉字 261

［鬯］［郁］［臼］［鬱］［卤］［彝］［爵］［酬］［献］
［酢］［灌］［敢］［严］［岩］［兴］［同］［衅］

第二十一章 与【游】有关的汉字 280

［㫃］［㫃］[游]［游］［旗］［族］［旅］［众］［聚］
［也］［匜］［弛］［施］［旋］［疋］［旈］［旌］

后记 299

第一章 与【王】有关的汉字

本书将从与"王"有关的汉字开始谈起。因为汉字这种文字的起源，与"王"息息相关。在此将针对此关联略做说明，再介绍一系列与"王"有关的汉字。

今日我们所使用的汉字，源自约3200年前诞生的甲骨文。

创造甲骨文的，是建都于今日中国河南省安阳的殷商王朝。迁都安阳前，殷商曾定都于较偏南的郑州。郑州虽也有用于占卜的龟甲及兽骨出土，但其上并无刻字。

由此可证，汉字原形的出现，是殷商迁都安阳后的事。

那是商王武丁的时代。当时的殷商与北方民族多有接触，首度统一了天下。在这段时期，一口气创造出了四千多个文字。商王借透过占卜与神明沟通，为自己建构出权力。意即，汉字诞生的目的，乃是作为王与神明沟通的道具。

然而，创造文字并不仅是为了占卜，其实还有记录王的判断无误之目的隐含其中。

刻有甲骨文的龟甲及兽骨几乎都被漆成红色。刻有重要卜文的甲骨,似乎都被漆以称为"朱"的硫化汞。

白川静先生推测,古时的中国人将不易褪色的红色朱墨视为生命的、不死的颜色。故似乎意图借以掺有这种颜色的文字做记录"保持商王占卜的神圣性"。

由此可见,汉字并不是一个一个的出现,而是在强大权力的主导下成群诞生的。必须有"大王"这种握有绝对权力的神圣君主,才有办法创造出文字。

这四千多个同时诞生的文字,至今已辨识出约二千五百个。只要略加说明,即使在生活中使用不同语言生活的日本人,也能清楚理解这些诞生于三千多年前的古汉字。诞生于殷商神圣大王时期的远古中国的文字,跨越国境传遍东洋各国,传承了三千余年。仔细想想,这还真是个了不起的壮举。

日本并未创造出自己的文字,因此引进了汉字,并发明了平假名与片假名,一路使用至今。白川静先生曾言,这乃是因为"日本没有大王"使然。

接下来,就为大家介绍一系列与这个"王"有关的汉字。

首先,就从"王"字开始谈起。

【王】wáng

象征硕大的钺刃朝下放置的字形。

在东汉的许慎于约公元100年撰写的《说文解字》中，将"王"字解释为贯通、统治天、地、人三才至理之人。的确，就现用的字形来看，三条横线分别象征"天""地""人"，中间贯以一条纵线，以示统一三者。

许慎于《说文解字》中引用的是西汉儒学家董仲舒的主张。这"贯通天、地、人三才者"的观念，深受汉代认为王乃天地秩序之支配者的"天人合一"思想所影响。因此他也将这思想直接套用在"王"字的解释上。

请看看几个古字。

就连许慎的《说文解字》所收录的字形"王"，三条横线之间的间隔均非等距。可以看出上侧的两条距离较近，下侧的一条与其他横线的距离则较远。

可见"王"字不该以将"天""地""人"等而视之的逻辑来解释。

在汉字诞生时期的甲骨文，以及后来铸于青铜器上的金文中的"王"字，状似巨大的钺前方的刀刃。带柄的钺称为"戉"，这字形象征将其刀刃部分朝下放置的模样。其甲骨文（ 、 ）及金文（ 、 ）字形，均可验证这点。

往 wǎng

代表奉君王之命出巡时,以脚跨在象征王位的钺刃上的仪式。

    汉字的诞生较许慎的时代早了约一千三百年,而第一个将汉字做系统性整理的许慎,也受限于其时代的思维,无法跳脱汉代所流行的思想,也就是董仲舒的主张。

    代表钺之刀刃部分的"王",并不是个武器,而是放置于宝座前的王位象征。由于此物象征王位,故衍生为"君、王"之意。

    因此,许多与"王"有关的汉字,与置于宝座前的钺刃所拥有的强大法力有关。

    "往"古字作"徍",右端的"㞢"为"王"上方加个"之"。"之"同"止",乃足迹之形(注1),象征步行之意。

    意即,"㞢"为象征王位的钺刃上方加一个"足"而成的字形。由于象征十字岔路左半侧的"彳"(彡)是个代表行于道上的字形(注2),故此字所代表的,是奉君王之命出巡时,以脚跨在象征王位的钺刃上的仪式。

    行此仪式,获得钺刃的法力与威力加持后,便可安然出行,自此便衍生出"前往"之意。

    (注1)参照《神秘的汉字1》第7页,与"止"有关的说明。
    (注2)参照《神秘的汉字1》第14页,与"彳"有关的说明。

【狂】kuáng

指脚跨在象征王位的钺刃上，以获得异常的法力。

　　在白川静先生的文字解说中，右端与"往"的古字同样有个"⼯"的汉字里，最教人惊讶的就是"狂"字。

　　如前文所述，"狂"的古字右端的"⼯"，代表的是脚跨在象征王位的钺刃上。因此这个字的字义，是人借钺刃获得异常的法力后，变得如同动物般"疯狂"。

　　形容得自法力的兽性失去驾驭、无从控制的"狂"，与理性对立，象征精神脱离常轨，一如日文里的"疯狂"等词语，常被用作与不正常相关的诗词语汇。

　　在白川静先生的文字学中，"狂"这个字带有活力充沛的形象。似乎也是因为如此，此字常强烈刺激着文学家们的想象，许多人也在文章中提到白川静先生对"狂"字的解释。白川静先生本身，也相当喜欢"狂"字所象征的脱离常轨、自由奔放的气息。

　　此外，"狂"在日文中念作"くるう"，与形容狗儿追着自己尾巴转圈子的"くるくる回転する"中的"くるくる"相通。日文的"くる"意为"旋转"，或指"旋转的东西"，"くるま"（车）同样源自此字。

　　看来日本人为"犭"字旁的"狂"字配上"くるう"这个"训读"读法，的确是个有趣的联想。读完这则说明后，笔者每当看到追着

  【汪】 汪 wāng

形容水流充沛，宛如得自象征王位的钺的法力般旺盛。

自己尾巴转圈子的狗，都会心想："くるっているなぁ"（它在转圈子发狂呢）。

此外，"汪"的古字右端的"王"，也是和"往""狂"的右端同样的"⽣"。

由于"⽣"代表脚跨在象征王位的钺刃上，借此获得其法力及威力，故也代表旺盛的气势。

"汪"意指一望无际的水涯，水量充沛，因此日文中以"汪然"形容洪水般的水流，也以"汪溢"形容水流、体力，或气势充沛，意同"横溢"。

较之"汪",形容"旺盛"的"旺"似乎是个较为常见的字。"旺"字右端的"王",在古字中也是与"往"的右端同样的"㞷",故也代表阳光充沛、气势旺盛。

【旺】旺 wàng

形容阳光充沛,宛如得自象征王位的钺的法力般旺盛。

此外,"匡"也是个和"王"有关的字。从"匡"的原字"匡"可以看出,其中的"王"也代表脚跨在象征王位的钺刃上,借此获得法力或威力的仪式。"匚"则一如其形,代表封闭、隐秘的场所。

可见"匡"意指秘密举行脚跨在钺刃上,以获得法力或威力的仪式,代表借此仪式获得法力,顺利征伐敌方、伸张君王命令。因此"匡"在日文中读作"ただす"(译注:"ただす"为"匡正"之意)。

【匡】匡 kuāng

意指秘密举行脚跨在钺刃上,以获得法力或威力的仪式。

【皇】皇 huáng

代表在本是钺柄的部分换上玉饰的字形。

【煌】煌 huáng

形容钺上的玉石大放光芒的「皇」加上一个「火」而成的字形。

接下来是下方有个"王"字的"皇"。

这个字象征的是在"王"的上部饰以玉石。如前文所述,"王"代表置于宝座前象征王位的钺刃,"皇"则代表在本是钺柄的部分换上玉饰,形容其光芒朝上方放射的模样,是为"辉煌"之意。"金碧辉煌"中的"煌",原字即为"皇"。

白川静先生在其著作《常用字解》中提到,"皇"本为国王、君王、天子之意,但自从第一个统一中国的秦王舍弃"王"的称号改称"始皇帝",在其后的二千二百年间,中国君王便都采用"皇帝"的称号。但皇帝本是指天上的神,也就是天帝。

神秘的汉字 2

【士】士 shì

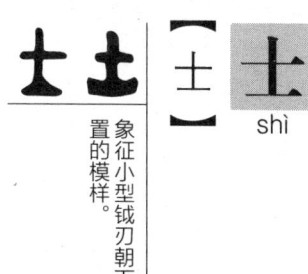

象征小型钺刃朝下放置的模样。

接下来将介绍的，是稍稍脱离"王"字系列的"士"。

"士"这个字，其实与"王"关系匪浅。

将"士"的古字（土、土）与"王"的古字（王）稍做比较，是不是能看出两者的下半部十分相像？

《神秘的汉字1》里（第二十一章"与【才】有关的汉字"）介绍"在"字时也曾提及，"士"乃是象征将小型钺刃朝下放置的模样。

一如"王"，这亦非实用的钺刃，而是为了展现"士"的身份的仪式性象征。

"士"与"王"的差异，在于钺刃的大小。"士"所指的，是服侍"王"的战士阶级。

许慎在《说文解字》中解释："推十合一为士""数始于一，终于十。从一从十"，但白川静先生认为，这不过是当时的俗说。

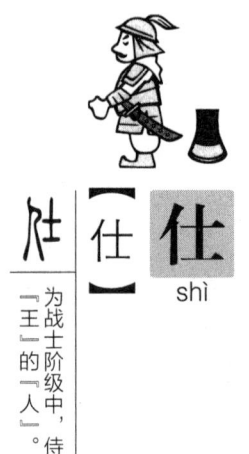

在古代中国，战士阶级称为"士"，宫廷礼仪执行者称为"卿"，管理农民者称为"大夫"，统治阶层便是由这三者所构成。

"仕"的原意，是战士阶级中侍奉"王"的"人"，后来引申为泛指"所有侍奉上位者"的人。因此，官员家系称为"仕家"，当官则称为"仕官"。

接下来要介绍的是"吉"。

这是个由"士"与"口"结合而成的字形。"士"象征小型钺刃朝下摆放，"口"则如《神秘的汉字1》中所说明的，并非指嘴，而是盛装祝告文的容器""（译注：根据《神秘的汉字1》一书，此字读音同"才"）。

古人认为钺刃具有辟邪的力量，祝告文则有助于向神所许的愿望成真，故于其容器""上放置神圣的钺刃，以保护祈祷效果，便谓之"吉"。

若祈愿借此成真，人便因此蒙福，故"吉"便有了"吉祥、吉利"之意。

包含"吉"的汉字甚多，悉数列举可能将构成一大字系，故在此仅介绍几个代表性的文字。

首先是"结"（結）。"结"由"糸"与"吉"结合而成，其中的"吉"乃代表将钺刃"士"置于盛装祝告文的容器"口"（ᄇ）之上，以保障祈祷生效。

由于"吉"代表将"士"置于"口"（ᄇ）上以护卫之，故有封入之意。因此"结"亦象征封入法力。

"结绳"意指在文字尚未发明的时代，在绳上作结以"象征约定"。而"结钮"原本也代表约定，但亦有象征立约巩固男女之间的爱情之意。

由《万叶集》等古典文学中可以看到，古日本亦有"结松"（译注：原文为"結び松"）一词，意指于祈愿或立誓时，连接松枝两端成圈，将魂封入，以求生命的安全与幸福。

【結】结
jié

结为盛装祝告文的容器"ᄇ"与小型的钺刃"士"构成，以"吉"打上结，进一步守护"ᄇ"。

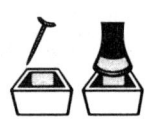

【詰】诘 jí

"吉"代表以小型钺刃置于盛装祝告文的容器"ᗒ"之上加以守护。由于带有稳固"封入"的意涵,故有"封入"之意。

"诘"也是个包含"吉"的文字。

象征将代表钺刃的"士"置于"口"（ᗒ）之上,封之以守护其法力的"吉",也有"封入"之意。"言"则代表将带柄的大型针（辛）置于"口"（ᗒ）之上,向神明承诺,若有违约,愿受以此针施行的墨刑（注3）。

由于此字代表向神明施压,以求所祈之事借如此立誓成真,故有"诘问、诘责"之意。

（注3）参照《神秘的汉字1》第58页,与"辛"有关的说明。

远古中国传说中的帝王黄帝，有位名叫仓颉的臣子。据说此人生有双瞳四目，且聪颖过人，在受到鸟兽爪蹄印的启发后，发明了文字。

仓颉的"颉"，也是个与"吉"有关的文字。

"颉"由"吉"与"页"结合而成。"页"为描绘出脸孔的人体侧面，尤其指仪式中行礼祭拜之人（注4）。

"吉"则如前文所述，有连接、诘问之意，故带有"使劲"的意涵。

由此可见，"颉"是个象征人伸长脖子的文字，代表的是使劲伸长脖子、不轻易屈服的人。因此中国人自古便将"颉"视为美德。

【颉】 jié

有"诘问"之意的"吉"，加上一个代表行礼祭拜的人体侧面的"页"，象征人伸长脖子的姿态。

（注4）参照《神秘的汉字1》第70页，与"颜"有关的说明。

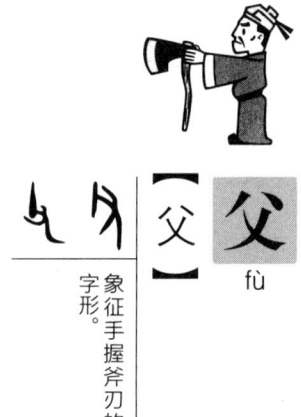

【父】fù

象征手握斧刃的字形。

介绍了"王""士"之后，再来解释"父"这个字。"父"是个与"斧"相关的文字。

古字较今字更能明显看出，"父"原是由"丨"与"又"结合而成的。"丨"象征斧刃，"又"则象征手（注5）。

意即，"父"是个代表手握斧刃的字形。这斧头并不是指伐木所用的斧，而是仪式中所使用的斧刃，象征的是"父"的指挥大权。

后来，字义又从指挥者引申为家中指挥儿女的"父亲"。

（注5）参照《神秘的汉字1》第4页，与"又"有关的说明。

【斧】斧 fǔ 就是『父』手握的『斤』。

【钺】戊 钺 yuè 直接将斧头象形化的文字。

因此"斧"这个字,就是"父"手握的"斤"。

意即,象征王位的大型钺刃朝下摆放为"王",象征战士的小型钺刃朝下摆放为"士",手持斧刃则为"父"。贵重的金属钺或斧乃是代表不同地位的身份象征,故三者均为代表身份地位的文字。

介绍完和钺、斧有关的文字后,必须对"钺"这个字做点说明。

从其古字不难看出,"钺"的原字作"戊",乃是直接将斧头象形化的文字。

【越】越 yuè

獲得「戉」（鉞）的法力加持以穿越難行的區域。左端的「走」為「赴、往」之意。

在与"戉"有关的文字中，最为大家所熟悉的应该就是"越"这个字。

这是个由"走"与"戉"结合而成的字形。

一如"往"代表奉君王之命出巡时，以脚跨在象征王位的钺刃上，获得钺的法力加持后出行，"越"代表的是获得"戉"的法力加持以穿越难行的区域。左端的"走"为"赴、往"之意。

接下来，再介绍一个与"戉"有关的"威"。

"威"是个由"戉"和"女"结合而成的字形，意即将戉（钺）放在女人身上。这"女"指的是宗祠内负责祭祖的女性。由此可见，此字代表的是以戉（钺）的法力为此女辟邪，使其呈安详、肃穆之姿。原意为保有威严，"威胁、威吓"等是后来才衍生出的字义。

由此可见，"王"的大型钺刃、"士"的小型钺刃、"父"的斧刃，以及"越"和"威"的钺，皆非实用性的斧刃，而是象征法力或权威的道具。因此含有这些字形的汉字，皆有获得法力的意涵。

【威】威 wēi

以戉（鉞）的法力為「女」辟邪。

第二章 与【堇】有关的汉字

本章将告诉大家，当个"王"其实是件相当危险的差事。

远古中国的文字中，代表祈神或逼迫神明使祈愿成真的文字为数众多。一如本书（第一章"与【王】有关的汉字"）所述，"王"本被视为能与神明沟通的神圣领导者，并借此维持一己权威。

而文字之所以诞生，乃是为了留下记录，以证明"王"与神明的沟通绝不出错。

但神圣的"王"以"巫祝长"（神职人员之首）的身份向神祈愿，却久久不能成真时，王将是什么下场？即使不是王，负责祈神的巫祝在祈愿无法成真时，会是什么后果？

 【嘆】
tàn

形容巫祝头戴盛装祝告文的容器"ㄩ",双手缚于胸前,遭下方的烈焰焚杀的模样。

在这种情况下,巫祝将遭焚杀。而身为巫祝长的王,有时也会遭到焚杀。

接下来将介绍的一连串汉字均与焚杀有关。乃是与以旱灾、饥馑等焚杀巫祝的原因有关的文字。

例如"叹"(嘆),是个由"𦰩"与"口"(ㄩ=音同"才")结合而成的文字。

右端的"𦰩",代表的是荒年祈雨时向神明作乞求状、并将盛装祝告文的容器"ㄩ"戴在头上的巫祝(侍奉神明的巫师),两手被缚于胸前,遭下方燃烧的火焚杀的模样。是不是很可怕?

不过,这种焚杀担任神职的巫祝以向神祈愿的行为,在古代社会似乎并不罕见。若遇接连数年的干旱导致歉收,不仅是巫祝,似乎连王都可能遭到杀害。

南太平洋的珊瑚岛居民认为,兼任大祭司的王能让食物增殖,遇饥馑时,曾有愤怒民众接二连三地将王杀害,由于无人敢继任王位,导致王朝因此没落的情况发生。

叹
tàn

形容旱灾时于祈神仪式中，遭焚杀的巫祝恳求神明降雨的模样。

朝鲜也有在降雨过量或过少，导致农作物歉收时将王杀害的历史。

白川静先生曾引述英国文化人类学家弗雷泽（Sir James George Frazer）于其所著的《金枝》（*The Golden Bough*）中所提及的类似案例，证明古代曾有兼任巫师的王，自己被当作牺牲遭到杀害的情况发生。

"叹"就是一个反映这种远古文化的文字。"莫"与"廿"结合而成的"嘆"，代表的就是口念祝告词焚杀巫祝、祈求神明降雨的仪式。

"歎"则是由"莫"与"欠"结合而成的文字。"欠"代表面向前张口的人体侧面，加上代表焚杀巫祝的"莫"，便有"叹息"之意，与"叹"几乎同义。

【艱】囏艰
　　jiān　jiān

右端代表因遭邪眼吓阻无法前进而苦恼，左端代表如逢旱灾时遭焚杀的巫祝般的困难情境。

【艮】艮
　　　gěn

象征人遭具有法力的邪眼吓退的模样。

接下来再介绍"艰"字。"艰"（囏）由"堇"与"艮"结合而成，也是个与焚杀巫祝有关的文字。从"艰"的别字"囏"的古字"囏"可以清楚看出，描绘的也是双手交叉受缚的巫祝遭到焚杀的模样。

从"艰"右端的"艮"的古字"艮"也可看出，这是个由"目"与"人"结合而成的字形。"目"是具法力的邪眼，其下绘有一后退的"人"，故有以邪眼吓退入侵者之意。

"艰"右端为代表遭邪眼吓阻而无法前进的"艮"，"堇"则代表逢旱灾时遭焚杀的巫祝，两者均有遭遇困难、无法前进、教人苦恼的意涵，因此衍生出"艰困、艰苦"等字义。

神秘的汉字 2

20

【暵】暵 hàn

代表旱灾时焚杀巫祝的字形。

现在，再来介绍两个平时不常使用、但读完以上的说明后便极易理解的汉字——"暵"与"熯"。

"暵"的原字，即是象征逢旱灾时焚杀巫祝的"堇"。因此"暵"和"堇"均有"旱灾、干涸"的意涵。

【熯】熯 hàn

代表旱灾时以火焚杀巫祝的字形。

"熯"也是个代表旱灾时焚杀巫祝的文字，形容的是和焚烧同样干燥的状态。因此在日文中也读作"かわく"（译注：日文汉字亦作"干く"或"渴く"，即干、渴之意）。

【堇】
jǐn

代表为祈雨而焚杀巫祝的字形。亦指郑重祭祀的字形。埋葬带强大法力的荒野死尸。

接下来，再介绍一连串包含与"莫"相似的"堇"的文字。

"堇"也是个代表焚杀巫祝的文字。从其古字（ ）可以看出，"堇"是个更明显描绘两手交叉受缚的巫祝遭下方的烈焰焚烧的字。下方的火焰甚至画得极为生动。

虽然是个代表残酷行为的文字，但远古时代的逻辑，是不该以今日的价值观衡量的。不过，这还真是个可怕的汉字。

意即，"莫"与"堇"是属同一系统的文字，同样代表焚杀巫祝的焚巫仪式，也同样带有饥馑的意涵。

包含"堇"的一系列汉字为数众多，以下将介绍的文字，全都与焚巫或饥馑有关。

先从"堇"字开始谈起。

死于饥馑、暴尸荒野者称为"道殣"。埋葬道殣时，必须以厚厚的黏土将之填入土中，以封其恶灵。暴尸荒野者因死状凄惨，故被视为带有强大法力，故须将其灵魂牢牢封埋。

"堇"即为代表此一埋葬习俗的文字，带有"黏土、搓揉"的意涵，也是"墐"的原字。

"墐"同样是个与饥馑有关、代表埋葬暴尸荒野的道殣的文字。在《神秘的汉字1》中（第十九章"与【真】有关的汉字"）也曾提及，古人认为道殣（暴尸荒野者）的魂魄带有骇人怨气，需要郑重埋葬，故将之施以墐涂，以封其恶灵。

【墐】墐
jǐn

形容郑重埋葬道殣，以封其恶灵的字形。

【殣】殣 jǐn

「歹」指化为白骨的尸体，「堇」指遭焚杀的巫祝。代表死于饥馑、暴尸荒野者。

【謹】谨 jǐn

指为封埋暴尸荒野的道殣而祈祷。

教人畏惧的"道殣"的"殣"，是个由"歹"与"堇"结合而成的字形。"歹"代表人死后化为骷髅的骨骸，"堇"则代表遭焚杀的巫师，亦有饥馑之意。

由这两个字形结合而成的"殣"，便代表死于饥馑而暴尸荒野的人。

此外，"谨贺新年"的"谨"字，或许给人一种吉祥的印象，但其实也是个与焚巫及饥馑有关的文字。

埋葬暴尸荒野的道殣，并借由祈祷封其恶灵，便谓之"谨"。

在《神秘的汉字1》第十九章"与【真】有关的汉字"中也曾提及，"慎"是个形容埋葬横死之人时，为其祈祷的字形。故"谨"与"慎"结合而成的"谨慎"，原本指的是对暴尸荒野的道殣施法。

【饉】 **馑** jǐn

是由『堇』与『食』结合而成,代表饥馑时焚杀巫祝祈神的字形。指荒年。

【僅】 **仅** jǐn

指饥馑中谷类收成稀少。

饥馑的"馑"也有个"堇"字。它是个由代表饥馑时期焚巫做法的"堇"与"食"结合而成的文字,意指农作物歉收。

最后再介绍几个与"堇"相关的文字。

第一个是"仅"(僅)。

这也是个与焚巫及饥馑有关的文字,形容的是谷类的果实极少,自此又衍生出"仅仅"的字义。

【勤】qín

"力"代表农耕用的耒,指为解除饥馑努力劳动。

再举一个日常生活中常用的包含"堇"的文字为例。日文中,形容在公司等单位上班的"勤务"中的"勤",也有个"堇"。这也是个与焚巫及饥馑有关的汉字。"勤"右端的"力",乃是将"耒"文字化的字形。

"堇"加上"力",有勤于耕作之意。白川静先生认为,这个字原本应是指为免于饥馑而勤奋耕作。

如前文所述,若祈祷后,干旱依然、仍不见降雨,便可能焚杀负责祈神的巫祝以为牺牲。但本章起头所介绍的焚王之举,是否真有其事?

王本为神职之首,以巫祝长的身份主持国家祭祀,故情况严峻时,王本身也可能遭到焚杀。

白川静先生曾于《汉字》一书中,提及

以下这则故事。

创立殷商王朝的汤王，本身也是个巫祝长。汤王的时代，旱魃连续七年作恶，地上金石尽皆熔化，万物失其生色。

汤王为救其难，遂断发剪爪（指甲），洁斋而坐于积薪之上，欲自焚其身以祈雨于桑林之社。

桑树在古代中国被视为圣树，桑林则为圣地。故桑林之社即为设于圣地内之祭社。

桑林内有时起舞祈雨，有时也举办歌垣。歌垣是一种男女群集山中或市集，相互吟歌起舞作乐的娱乐活动，同时也是男女求婚的场所。

但汤王这则记载谈的不是歌垣，而是身为巫祝长的他祈雨之事。汤王为祈雨解旱，不仅断发并剪了指甲，还在洁斋后坐上柴薪，准备以自焚求天降雨。但就在一切准备就绪时，雨水突然从天而降，地上万物也随之恢复生机。

数代后，汤王的后裔宋景公（公元前453年）又遇旱魃为虐，景公遂自行积薪坐于其上，这回同样也下起大雨，使景公免遭焚杀。

上述故事可以证明，在古代中国，身为巫祝长的神圣王，在某些时候的确可能遭焚杀。

介绍完这类传说后，白川静先生在其著作《汉字》中，亦有一行提及中国古代传说中的贤人许由的故事。

"尧帝知其贤德，欲禅让君位于他，许由坚辞不就，洗耳颍水，隐居山林，卒葬箕山之巅。"

听说尧帝欲将国家托付给自己，许由视其为世俗浊言，遂赴颍水边洗耳，并隐居于箕山。这是一则描述贤者人品高洁，宁可隐居山林，也不愿贪恋帝王般的权力。但自白川文字学的解读看来，许由这则故事的弦外之音也可能是"当个王可能遭焚杀，有谁希罕？"读到这短短一行的叙述时，笔者不禁为白川静先生的幽默感爆笑不已。以白川文字学的角度检视，许由这位隐士便多了点人味，变得较为可亲了。不论是在书里还是演讲里，白川静先生时时不忘穿插些许这类带点人情味的幽默。

帝王遭焚杀的故事透露出中国巫祝王制度的真实面貌，但通常遇饥馑时遭焚杀的毕竟是普通的巫师，而且似乎并不罕见。

白川静先生曾经提及《春秋左氏传》中僖公二十一年事，鲁僖公欲焚巫祈雨，遇大夫臧文仲谏言。

"预防饥馑有许多方法，焚巫又有何用？"听了这番谏言，僖公便采纳了他的意见。

《春秋左氏传》总结道，该年仍有饥馑，但百姓未蒙大害。这是公元前639年的事。

由此可见，古中国视防止旱灾为一大要务。

长期不雨导致河川干涸谓之"旱魃"，其中的"旱""魃"两字均有"旱灾"之意。

"魃"尤指造成旱灾的"凶神"。根据尽搜古中国神话的《山海经》一书所载，"魃"乃是汉民族始祖的传说帝王黄帝之女。面对能自由驾驭暴风雨的强敌蚩尤的攻击时，黄帝自天界召派天女"魃"与其交战，因此止了大雨，杀了蚩尤，黄帝方得以统一天下。

但事后"魃"无法返回天界，凡"魃"所到之处均不雨，此即为"旱魃"的由来。

【漢】汉 hàn

自陕西省流向东南的河川谓之"汉水",其流域谓之"汉"。其帝王刘邦所建立的王朝亦以"汉"为名。

包含"堇"与"菫"的,皆是与焚杀有关的文字。而汉字的"汉"(漢)也有个"堇"。在本章最后,似乎也该谈谈这个字。

不过"汉"原本是个地名,似乎找不到任何与代表焚杀或饥馑的"堇"有关的解释。这是个采"堇"的发音造出的形声字,自陕西省流向东南的河川称为"汉水",其流域即称为"汉"。统治该流域的"汉王"刘邦,于公元前202年打败项羽后建立的王朝亦称作"汉",后来这个字又用来泛指中国。"汉字""汉文""汉方"(译注:"汉方"为日文的"中药"之意)等词语均源自于此。到了约四五世纪的五胡乱华时代,非汉人的胡人开始称汉人为"汉子",后来又演变成泛指男子或男人。"好汉""恶汉"等词语也源自于此。

此外,天界的河川称为"天汉""银汉",似乎是因"汉水"与天界河川流向相同,故得其名。

【而】ér

代表断发后披头散发的人体正面。乃巫祝祈雨时的扮相。

第三章 与【而】有关的汉字

本章将介绍的一连串汉字，均是与连年干旱时祈雨的巫祝、巫女有关的文字。

在本书第二章"与【堇】有关的汉字"中，提到殷商的第一任帝王汤，为解除连续七年的旱魃，而坐于积薪之上，打算自焚求雨。汤王坐上积薪前，曾断发、剪爪（指甲）、洁斋，再行仪式。

本章所介绍的"而"字，便是代表断发后披头散发的人体正面。这是巫祝祈雨时的扮相，身为巫祝长的汤王，也做了这个打扮。听了这说明，再参照其古字，应不难发现此字看来的确像个剪去长发的人。

31

【需】xū

是由「而」和「雨」结合而成，象征祈雨、待雨。

"需要"的"需"，则是由"而"和"雨"结合而成。

"而"代表未结发髻的人形，也就是巫祝（侍奉神明的神职），再加上一个"雨"，可以看出"需"是个象征祈雨、待雨的汉字。

自此，便发展出"祈雨、索取、等待"等意。

【儒】rú

「需」字旁，再加上「人」，代表祈雨的巫祝。

"儒教"的"儒"，亦是祈雨之人，即巫祝之意。由于儒教起源于此类巫祝的下层阶级，故得此名。

白川静先生推论，当时的儒者可能是负责祈雨的低阶巫祝，性质类似现今为富裕家庭举办葬仪的殡葬业者。儒家教典之所以有诸多内容与丧葬礼仪有关，或许就是出于这个缘故。中国战国时代有言："世之显学，儒、墨也。"（《韩非子》），与儒家并列的最大势力、奉墨子为祖的墨家，也曾以"富人有丧，乃大说喜"揶揄儒者。

【濡】
rú

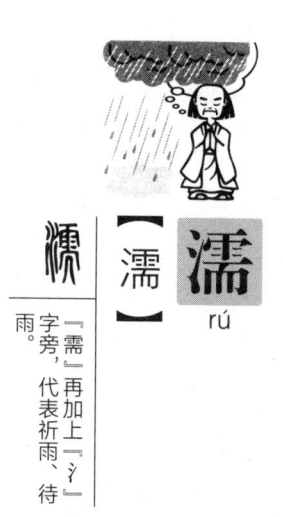

"需"再加上"氵"字旁，代表祈雨、待雨。

  由此可见，儒教、儒家、儒者的"儒"，是直接将祈雨的巫祝象形化而成的文字。

  白川静先生的著作《孔子传》详细描述了孔子出身巫祝下层阶级，在巫祝的传统中追求普遍的人间之道，创立了儒教的学说。竭诚推荐对孔子生平感兴趣的读者读读这本书。其中提到孔子因不愿与冤家阳虎共处，一再逃离阳虎所到之处的故事，生动地道出了孔子这位大思想家其实也有与常人无异的一面。

  如前文所述，"濡"右端的"雨"和"而"结合而成的"需"是个代表祈雨、待雨的汉字，再加上一个"氵"字旁就成了"濡"。祈雨后大雨可期，故此字有"浸染、湿润"之意。

【嬬】
rú

代表祈雨的巫女。在日文中亦被当作「妻」的同义字。

【耐】
nài

「寸」代表手，形容以手使唤巫祝「而」。

笔者的故乡日本群马县，有个以盛产高丽菜闻名的"嬬恋村"。根据《日本书纪》记载，日本武尊为夫人弟橘媛的死悲痛不已，曾哀叹："吾嬬者耶"，即"呜呼吾妻"之意。

"嬬恋村"便是根据这传说起的名字。其中的"嬬"字，当然也和"需"有关。

"需"为祈雨的巫祝，加上"亻"字旁的"儒"代表男巫，加上"女"字旁的"嬬"便代表巫女。

日文中，"みこ"（译注：汉字亦作"巫女"）同时也有"侧女"（译注：日文读作"そばめ"，意为"妾"）之意。看来古代中国的巫女，或许也兼具这种性质。

但在诸如《万叶集》等日本古典作品中，"嬬"字常被当作"妻"的同义字。

接下来再谈谈"耐"字。"耐"由"而"与"寸"结合而成，其中的"而"也是断了发的巫祝，加上代表"手"的"寸"（注1），便成了形容巫祝"忍耐"他人使唤的"耐"。

（注1）参照《神秘的汉字1》第4页，与"寸"有关的说明。

【耑】
duān

「山」代表发饰，象征「而」头戴的发饰（或披散的长发）随风飘曳的模样。

现在，再来看看几个含有"耑"的汉字。

"耑"由"而"与"山"结合而成。"而"代表的是断发的巫祝。

"而"代表断发且不结髻的巫祝，"山"则代表"头戴发饰"或"披头散发"。从古字可以看出，"山"的部分象征的是随风飘曳的发饰（或长发）。

意即，此字形容的是头戴发饰（或披头散发）的年轻巫女端坐的模样，有"年轻巫女、端正、开端"等字义，同时也是"端"最早的原字。

【端】duān

"立"代表站在一定位置,"耑"代表巫女头戴发饰端然而坐。故由"立"与"耑"构成的此字代表巫女端坐于标定的位置上。

"端"则为"立"与"耑"结合而成的文字。"立"代表站在一定位置的人,在"端"字中代表"一定的位置"。由于"耑"象征巫女头戴发饰(或披头散发)端然而坐的模样,故"端"便代表巫女虔诚地端坐于指定的位置。

殷商之王武丁的夫人妇好之墓于一九七六年被发现,许多器物也随之出土。根据这些器物的排列方式推论,殷商时代负责主持仪式的巫祝所坐的位置,应该位于上位最左端,因此"端"有"端头、边端"之意,也由于数数通常由边端数起,因此又有"开端、端倪"之意。

【瑞】瑞 ruì

指巫女祈祷时手持的瑞玉。

【颛】颛 zhuān

代表端坐巫女的"耑",加上代表人参加仪式时的虔敬侧脸的"页",象征巫女虔诚祈祷的模样。

"瑞"由"王"与"耑"结合而成。"王"代表"玉","耑"代表头戴发饰（或披头散发）端然而坐的巫女,故此字指的是巫女祈祷时手持的瑞玉。

"颛"字中的"耑"代表巫女端然而坐,"页"代表人参加仪式时神情严肃的侧脸（注2）。

故"颛"所象征的,是巫女虔诚祈祷的模样,因此有"恭敬""专注"之意。

以上的一连串例子充分证明,"而"为断了发的巫祝或巫女的正面,加上一个"山"而成的"耑"则是巫女头戴发饰（或披头散发）的模样。还请各位读者务必牢记。

（注2）参照《神秘的汉字1》第70页,与"颜"有关的说明。

第三章 与【而】有关的汉字

37

第四章 与【微】有关的汉字

刚开始学习汉字的儿童，应该很容易将"微"与"征"（徵）两字混淆。这两个字如此相像，光靠硬背是很难牢记两者的差别的。

虽不知道其他孩子是怎么记的，笔者自己是学着以两字中的"兀"与"王"背起来的。

意即，"王"日文读作"オウ"，音与"チョウ"相近，故有个"王"字的是读作"チョウ"的"征"，不是"王"字的则是读作"ビ"的"微"。

记得当年就是以这种方式记住两字的日文音读，再以"微笑""特征"等词语记住两字的字义。或许是笔者年幼时缺乏天赋，经验里总感觉光靠死背学习汉字，对儿童来说着实是个负担。

但若是透过白川静先生的汉字学学习"微"与"征"两个字义截然不同的汉字，将会发现两字的结构其实相当类似，也难怪会教儿童如此难以分辨。撰写本章的目的，即在于此。

【兀】wù

象征断发之人的字形。形容剃发、秃发,或斩断发髻。

　　"微"与"征"(徵)的差异,可从两字的不同之处,即"微"字的"兀"开始谈起。

　　如本书第三章"与【而】有关的汉字"中所述,"而"代表"断发者的正面","兀"也是个形容同样的人的字形。由其古字可以看出,这个字所象征的,也是一个断了发的人稍稍侧身的模样。只要和"而"的古字做个比较,应该就不难看出这点。

【髡】髡
kūn

一种断发的刑罚。

由描绘断发光景的上图可以看出，这种断发其实是一种刑罚。图中受切去头发之刑的，就是担任神职的巫祝。

意即，"兀"有剃发、秃发，或斩断发髻之意。还有一种类似的刑罚称作"刖"，是一种斩断腿的刑罚。

一个与"兀"有关的例子就是"髡"。这也是一种断发的刑罚（称作"髡刑"，参照上图）。若再套上首枷，便称为"髡钳"。

至于"微"字里面的"兀"，指的并非受刑人，而是巫祝。在本书第三章"与【而】有关的汉字"的说明中也解释过，巫祝并不结髻，而是做断了发的打扮。

至于"微"的"兀"上头的"山"，则如本书第三章"与【而】有关的汉字"的说明中所解释的，形容的是在头上佩戴发饰，或披头散发的模样。

"耑"为代表头戴发饰（或披头散发）的巫女正面的字形，"屵"则为代表头戴发饰（或披头散发）的巫女侧面的字形。这与"而"代表巫祝正面，"兀"代表其侧面呈对应关系。

"散"是在"屵"的右边加一个"攵"（攴），"攵"（攴）从"支"来看，可能较为清楚，"支"上头的"卜"代表树枝或鞭子，下头的"又"则代表手。因此"支"所象征的，是手持树枝或鞭子抽打对方（注1）。

由此推论，"散"代表以鞭子或树枝抽打头戴发饰（或披头散发）的巫女。因此"散"所代表的，是借由殴打眼前的巫女，解除或削弱其他巫女施加在自己身上的巫术的仪式。

这种仪式称为"共感巫术"。对现代人来说，这可能是一种难以接受的行为。"散"即为"微"的原字。

（注1）参照《神秘的汉字1》第10页，与"政"有关的说明。

【散】散
wēi

人"兀"代表断了发的
饰，故此字代表以树枝抽
"攴"（支）是披头散发
"山"代表头戴发
打。
殴打头戴发饰（或披头散发）的巫女。
散发。

【微】
wēi

代表在道路上以树枝抽打巫女，借此削弱敌方所施的巫术的"共感巫术"。

"散"加上"彳"字旁，便成了"微"。

"彳"在古字中作"㣞"，是个代表道路四角左半部的字形（注2）。

因此"微"所指的，乃是在道路上以鞭子（或树枝）抽打巫女，使敌方的巫术削弱或失效的共感巫术。

不过，为何需要在道路上殴打巫女？理由或许是比起在同族的地盘中，在通往他族地盘的道路上进行，能更迅速地将法力传送到敌方。

现代人或许难以理解这种逻辑，但若试着以古代中国的价值观思考，或许就能体会这种在道路上施法，能更迅速地将法力施加到敌方身上的观念。

由此可见，"微"所代表的，是一种削弱敌方所施巫术的仪式。

（注2）参照《神秘的汉字1》第14页，与"彳"有关的说明。

在古代中国，战争时可能在军队前方配置数千名佩戴眉饰的巫女，向敌方施展巫术。战事结束后，战胜的一方便在殴打敌方巫女后，以"戈"斩杀之。

形容斩杀巫女，以抹除敌方法力的文字就是"蔑"（注3）。

"蔑"的下半部由"人"与"戈"结合而成。上头的"屮"代表佩戴眉饰的巫女。因此"蔑"代表以"戈"斩杀佩戴眉饰者（即巫女），以抹除其法力的行为。至于以鞭子（或树枝）抽打巫女，以抹除或削弱施加在自己身上的诅咒的行为，则称为"微"。

由此可见，"微"与"蔑"两字均有类似的巫术意涵。由于"微"代表削弱、抹除敌方施加于自己身上的巫术，故有"微弱、微小、微薄"之意。至于与"微"相近的巫术"蔑"，代表的是以"戈"斩杀佩戴眉饰的巫女，故有"蔑弃、蔑视"等相近的字义。

（注3）参照《神秘的汉字1》第78页，与"蔑"有关的说明。

征 zhēng 【徵】

字形中的"壬",其实象征人笔直站立。"山"则代表长发,两者相加便此字代表长发,代表站在道路上殴打长发人。

接着再来谈谈"征"字。

日文汉字"徵"是个由中央的"山"加上"壬"、右端为"夂"(攴)、左端为"彳"结合而成的字形。

"微"与"征"(徵)的不同之处,即"征"字里近似"王"的"壬",象征挺立(笔直站立)的人,而不是普通的"壬"字。上方的"山"也同样象征长发。因此在繁体字"徵"中,中央这个"壴"的部分代表的是蓄长发的人。

白川静先生认为,这长发人指的是掳获的敌方长老,或头戴发饰(或披头散发)的巫女。总而言之,"征"就代表殴打拥有高强法力的长发人,借由刺激其法力使祈愿成真。

意即,"征"代表借殴打长发人使祈愿成真,也就是"出现征兆",以惩罚敌方的巫术仪式"征验"(征候)。"征验"所出现的效果也称为"征"。

故此字有"征求、征候、征象"之意,从"征求"又衍生出"征集"的字义。

"征"与"微"的共通点,就是这种巫术仪式也和"微"一样在"彳"(道路)上进行。不直接攻击危害自己的敌方,而是借由殴打眼前的长发人的"共感巫术"来破解敌方的诅咒。

或许正是如此,童年的笔者才会为区别"征"(徵)与"微"所苦。"征"代表殴打长发的长老(或巫女)施行共感巫术,"微"则代表殴打头戴发饰(或披头散发)的巫女施行共感巫术。可见"征"与"微"原本就是结构上非常相似的汉字。

虽然这类共感巫术对现代人而言不易理解,但在汉字里出现得相当频繁,请各位读者务必牢记。

以上就是"征"与"微"的关联性与共通点。最后再各介绍一个与这两字有所关联,并且同样带有巫术意涵的汉字。

惩 [懲] chéng

代表殴打长发长老的"征"加上一个"心"，便有了"惩罚"的意涵。

与"征"有关的例子，就是"惩罚""惩役"的"惩"（懲）。

由于"征"代表殴打长发的长老，有惩罚的意涵，故"征"即为"惩"的原字。

"征"有惩罚敌方的意涵，故有"惩戒、惩罚"等字义。

在接触到白川静先生的汉字学以前，笔者完全没想到在"征"下方加个"心"，就成了又一个带有"惩罚"意味的汉字。

不过，只要学到这么一个白川文字学的解释，想必大家就一辈子不会忘记"征"与"惩"两个字之间的关联性了。

【徽】徽 huī

由简化的「微」与「糸」结合而成的字形。「微」指在道路上殴打头戴发饰的巫女，以抹除敌方所施的法术，「糸」为巫女戴上巫术饰品时所施的法术饰品，以作为其巫女身份的标志。

至于与"微"有关的例子，就是"徽章"的"徽"。

"徽"是个由简化的"微"与"糸"结合而成的字形。如前所述，"微"代表在道路上殴打头戴发饰（或披头散发）的巫女，借此共感巫术抹除敌方所施的法术。"徽"则代表为巫女戴上巫术饰品"糸"，以作为彰显其身份的"标志"。

后来又衍生为泛指所有种类的"徽章"，并有了"标志"之意。

许多人认为，酷爱佩戴徽章或勋章的人相当无聊。但即使如此，徽章或勋章依然没有消失。或许远古中国巫术的法力，至今还残存在徽章与勋章里呢。

第五章 与【由】有关的汉字

古代中国社会相当重视祭祀与军事，因此与祈神或巫术有关的汉字相当多，和借祈神或施法破敌有关的汉字也为数不少。白川静先生的文字学透过长年对甲骨文、金文的研究，揭露了古代中国社会在这方面的真实面貌。

在与"王""蔑""而""微"等有关的汉字的说明中（本书第一章至第四章），均可发现这方面的关联。而这四个系列的文字，在白川静先生的汉字学中也占有几近重量级的分量。虽然每一个汉字都是笔画复杂，但一经解释便不再难理解。白川静先生的说明非常有趣，也引人惊叹连连，但继续读下去，便会发现汉字世界的背后其实是何其沉重。

现在，笔者打算暂时将祭祀、军事相关的文字搁在一旁，先介绍几个一目了然、看了教人恍然大悟的文字系列。

【由】
yóu

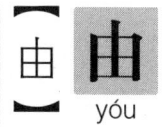

代表果肉干透、里头变空心的葫芦。故包含「由」的汉字，大多带有「干透」或「空心」的意涵。

首先是与"由"有关的汉字。

"由"字所代表的，是果肉干透、里头变空心的葫芦。因此包含"由"的汉字，大多带有"干透"或"空心"的意涵。

其实许慎的《说文解字》并未收录"由"字，《字统》也未收录其古字。白川静先生在《常用字解》中解说"由"字时提及："《说文解字》并未解释'由'字，故其由来不详"，笑指其为"'由来'不明的'由'"。可见白川静先生悠游辞海时，仍不忘心怀幽默。即使贵为汉字学泰斗，还是爱开点小玩笑。

【卣】卣
yǒu

呈葫芦形的带柄酒器。

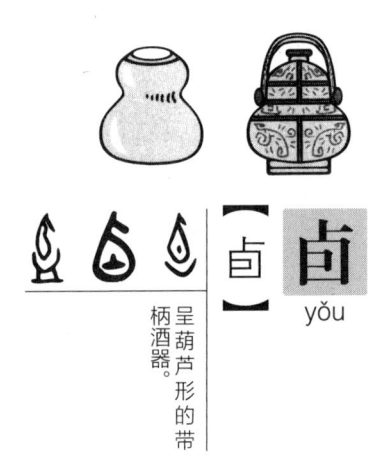

虽说由来不明，但白川静先生推测，"由"的原字应该是"卣"。"卣"所代表的，是呈葫芦形的带柄酒器。

白川静先生认为，从前多以刮除果肉的葫芦充当酒器，故由此推论"由"的原字应为"卣"。

接下来，就来介绍一系列包含"由"的汉字。

【油】 yóu
形容葫芦熟透、果肉溶为油状。

【抽】 chōu
形容摘下成熟果实、掏空果肉。

首先是"油"字。

"油"形容葫芦熟透、果肉溶为油状,故有溶为油的意涵。又由于油状物体泛"油光"而得"油亮"之意。"油"的原字就是"由"。

由于是葫芦果肉溶化而成,故"油"原本所指,乃植物性的油。

接下来是"抽"字。由于果肉干透、里头变空心的葫芦是"由",故摘下成熟果实、掏空果肉,便是"抽"。

由于原义是掏空内容物,故得"抽签、抽选"等词,又因有抽出本质的意涵,也被用来形容"抽象"。

内容物被抽出或溶化,里头当然会变"空心"。

接着,再来介绍几个与"由"属同一系列,又带有"空心"意涵的文字。

【宙】 宙 宙 宙 宙
zhòu

「宀」指建筑物，也代表「空间」。「由」与「宀」结合，便代表「空心的空间」，即天空。

【笛】 笛 笛
dí

代表以「竹」制成的「空心物体」，即「笛」。

规模最大的"空心"物体当非"宙"莫属。"宙"由"宀"与"由"结合而成，"宀"原指祭祀祖先的宗祠，后又引申为泛指一切建筑物，在此则象征"空间"。

因此，由于"由"代表"空心物体"，"宙"便代表"空心的空间"，即天空。自此又衍生出"辽阔"或"辽阔的空间"之意。"宇宙"所指的，便是包含天体的辽阔空间。

"笛"也是个包含"由"的文字。

以空心的"竹"制成的乐器就是"笛"。但由其古字看来，"笛"原本指的或许是葫芦形的鸠笛（译注：鸽笛）。熟悉白川静先生汉字学的古乐器"笙"的演奏家宫田真由美（译注：名无汉字，原文作"宫田まゆみ"）小姐表示，"笙"原本也是在葫芦上加以数支竹竿或芦苇秆而成的吹奏乐器。

【軸】轴 zhóu

代表插入空洞转动的车轴。

【岫】岫 xiù

代表位处"山"中的"空心处",即"岩洞"。

再举两三个和代表"空心"的"由"有关的例子。

首先是"轴"字。

"轴"指的是"车轴"。乃是因车轴插入空洞中转动,故得此字。

接下来是"岫"字。

这虽不是个常见的字,但若能依据前文的说明略加想象,大概就不难猜透其来由。

此字由代表"空心"的"由"与"山"字旁结合而成。各位能否猜出这"空心物体"是指什么?

没错,这个字指的就是"岩洞"。

之所以先提及这个"岫"字,其实是为了介绍接下来的"袖"字。

【袖】袖 xiù

从袖口看进去，袖内呈「空心」状，故造此字。

【釉】釉 yòu

「由」形容化为油状的物体，也有上油光的用途，故有「油亮」之意。此字指为陶器上光的釉药。

　　"袖"与其正字"褎"截然不同，是个较晚近才出现的字。直到汉朝以后的文献里，才看得到"袖"字。

　　而"岫"与"袖"两字，皆读作"xiù"。

　　如前文所述，"岫"为"岩洞"之意。而白川静先生认为，读音相同的"袖"，想必是因为从袖口看进去，袖子也和岩洞同样是"空心"的，故造此字。

　　最后要介绍的"釉"，可就与代表"空心"的"由"无关了。

　　前文也提过"由"也用来形容化为油状的物体，即"油"的原字。亦提及"油"也有上油光的用途，故也有"油亮"之意。因此，"釉"指的是烧制陶器时用来上光的釉药。

　　自殷商时代遗迹出土的器物中，已有利用釉药烧制的灰釉陶。遗憾的是，"釉"并没有留下任何古字，也没被收录在《字统》之中。

【主】 主 zhǔ

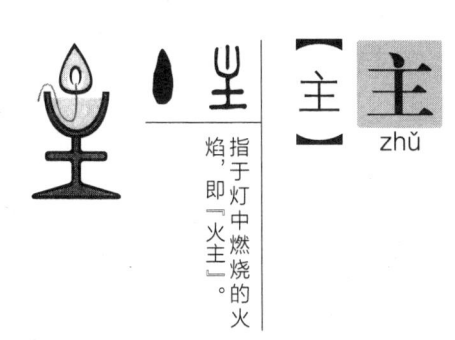

指于灯中燃烧的火焰，即「火主」。

现在，再来介绍一系列起源同样教人恍然大悟的文字，那就是与"主"有关的汉字。

包含"主"的汉字，几乎都带有"挺立、稳固、安定、固定"的意涵。

因为"主"所代表的，乃是灯火的火主。

火主指灯中之火，其金文中的"🌢"，便是火焰的形状。

灯加上一个台座，便成了现用的字形"主"。灯乃供盛放灯油、灯芯以供点火的金属器皿状灯具。从年代较金文晚的篆文字形"主"，便不难看出此字是如何演变成现代字形的。

篆文字形中，U字形的部分即为灯盘，其中呈纵向直立的棒状部分即为灯芯与火焰。至于U字形下方的"土"，则是支撑灯的底座。

第六章

与【主】有关的汉字

【叜】叜
sǒu

原字由"宀"（指庙宇）、"火"（火）、"又"（手）结合而成，"又"代表手，在庙内执火之人，即氏族的长老。

现用字形的"主"，是将篆文字形中U字形的部分改成一条横线而成的，意即，现用的"主"字顶端的"点"即代表火主（火焰）。

在古代中国，火的地位相当神圣。

于宗祠内祭祖时，执火或驭火之人，谓之"叜"（"长老"之意），原字作"叜"。

"叜"由"宀""火""又"结合而成。"宀"代表庙宇，"又"则代表手（注1）。

意即，"叜"是个代表在庙宇内持火之人的汉字。这便是长老的工作。持火者通常是氏族或家族内的中心人物，故此字被赋予了"主人、宗主、主要"等字义。

如本章最初所述，包含"主"的汉字大多有"挺立、稳固、安定、固定"等意涵。现在就来介绍几个带有此类意涵的文字。

（注1）参照《神秘的汉字1》第4页，与"又"有关的说明。

【柱】zhù

于灯中燃烧的火焰,加上于其下支撑的烛台,便称为"主"。再加上"木",便代表柱。柱表助建筑物直立的支柱。

【住】zhù

"主"同"柱"。此字形容"人"居住在以"柱"支撑的屋宇中。

首先是"柱"。

一眼便可看出,这是个由"木"与"主"结合而成的文字。"主"代表于灯中燃烧的火焰,和支撑于其下的烛台。

烛台呈直立状,故宛如灯台般直立的木材便谓之"柱"。由于柱乃是将建筑物支撑稳固的支柱,后来在建筑物中的柱子之外,一切事物的支撑均谓之"柱"。

接下来是"住"。

"主"为灯火。表示火焰、灯与烛台的"主",与直立的木材相似,故得"柱"字。"住"字中的"主",即代表"柱"。

"人"居住在以"柱"支撑的屋宇中,便是"住"。

此外,"主"亦有直立、停留之意,故"住"也有"停留"的意涵,并衍生出"定住""安住"等词语。不过这个字似乎是较晚近才被创造出来的,直到六朝时期(三世纪初至六世纪末,自东汉灭亡至隋统一中国期间)才开始出现,因此并没有古字可供参照。

【駐】驻 zhù

"主"有停留在一定场所的意涵。"驻"为"马"加上"主",故代表将马停驻一处。自此又扩大为泛指停驻一切事物。

　　一如"住","驻"也是个有"停留"意涵的汉字,用来形容军队等的"驻留"。

　　一如直立的烛台不会移动,将马停驻一处也谓之"驻"。后来又被用来泛指"停驻、驻留"等一切。

　　将军队停留谓之"驻兵";将车子停下,日文谓之"驻车";这些词都很浅显易懂,后来字义进一步扩大,衍生出形容长年保持年轻容姿的"驻颜"等词。

　　以上就是与"主"有关的文字中有"停留"之意的例子,接下来再介绍几个同样包含"主",但意义不同的汉字。

【注】
zhù

"主"代表于灯中燃烧的火主（火焰）。加上一个"氵"字旁，便代表将油"注入"灯中。

　　首先是"注"。

　　从"注入"这个词可以看出，此字为"倾注"液体之意。烛台加上燃有火焰的灯，谓之"主"，将油"注入"灯中，则谓之"注"。可见此字代表"注入、倾注"一切液体。

　　而"倾注"这个词，原本代表的是"倾斜容器并注入液体"，后来语意扩大为形容"将精神或力量投注于某一事物"。由此推论，"注目""注意"等也是随此语意扩大衍生而出的词。

　　意即，"注射"以及形容把箭搭在弓上的"注矢"一词，同样都有"注入"的意涵。

　　后来，又衍生出代表"聆听"的"注耳"。这个词的词义是将力量"倾注"于"耳"，使这个字的字义从"注入"物质性的液体扩展至"倾注"抽象的"听力"。可以推论，自此又发展出如今我们常使用的"注意""注目"等词。

注
【註】
zhù

将油注入灯中谓之"注"。注油时需要将盛油容器贴近灯，故自此衍生出代表灯字。文章贴上解释的本

此外，"注"也被用在"注释"这个词上。似乎是从将油的容器贴近灯注油衍生出"贴向、贴近"之意后，再进一步扩展而来的字义。

解释文章意义的"注释"，便是"为文章贴上解释"之意。

"注"字意为为文章贴上解释以阐明其意，但古代似乎写作"註"。《字统》中并未收录"注"的古字，故并无古代字形可供参照。

【夭】夭 yāo

象征扭腰摆臀舞动的文字。

仔细看看"夭"的古字，可以发现此字像个手舞足蹈的人形，宛如一个随舞曲节奏热舞的舞者，可见它是个象征扭腰摆臀舞动的文字。此字形容的，正是个狂舞祈神的年轻巫女。之所以介绍这一系列与"夭"有关的汉字，正是因为它们都是与年轻巫女在与神沟通的过程中达到恍惚状态、扭着身子狂舞有关的文字。

"夭"有"扭曲身体"的意涵，又是年轻巫女的行为，故有"年轻"之意。因此年幼或年轻早逝便称为"夭折""夭逝"。

原本是个代表娱乐神明的文字，后来字义又扩展为形容早逝，"夭"的系列字中又有个形容灾厄的"妖"，故"夭"也有"灾难"之意。

第七章 与【夭】有关的汉字

【笑】笑 xiào

象征年轻巫女两手高举、扭腰摆臀、欢欣狂舞的文字。

"芺"是个形容跳舞祈神的年轻巫女双手高举、披头散发的字,为"笑"的原字。因此"笑"所形容的,是年轻巫女两手高举、扭腰摆臀、欢欣狂舞以娱乐神明的行为。

想不到"笑"竟是个代表在祈神过程中陷入恍惚状态的年轻巫女狂舞的文字!透过白川文字学一窥汉字世界的奥秘,的确不时感觉惊奇,但学到"笑"字的起源时,着实教笔者大为惊叹。

巫女高举的双手,在"笑"字中则被改为竹字头。

【若】若 ruò

形容年轻巫女披头散发、两手高举、边舞蹈边向神祷告的姿态。

接下来,是欢欣狂舞的"若い巫女"(译注:年轻巫女)的"若"字。

其古字教人印象深刻的程度,在所有汉字中可谓首屈一指,看了着实教人永生难忘。

这些字形容的,是年轻巫女披头散发、两手高举、边舞蹈边向神祷告的姿态。

根据白川静先生的文字解说,"若"是个代表年轻巫女在恍惚状态中祈神的字形,就古字看来的确是如此。即使经历了三千年,这年轻巫女神灵附体的模样看来依旧是栩栩如生。不禁让人赞叹象形文字的魔力,就和白川静先生的文字学一样值得佩服。

后来,这些字形中又加入了一个象征盛装有祝告文的容器"口"(ㅂ),便多了诵词祈祷的意涵。

巫女高举的双手,在"若"字中则被改为草字头。

【诺】诺 nuò

年轻巫女进入恍惚状态祈神谓之"若"。加上"言"字旁而成的"诺",代表神明允诺巫女所托。

神明对呈"若"的状态的巫女给予许可、承诺,便谓之"诺"。在甲骨文中"若"也被用作"诺",可见"若"即为"诺"的原字。

毫不抗拒地遵从谓之"唯唯诺诺"。儒教经书之一《礼记》中有句"父命呼,唯而不诺",句中的"唯"与"诺"似乎代表两种不同的回应。

"唯"是立刻回答,"诺"则为缓缓回答。白川静先生表示,"唯"相当于"是","诺"则相当于"是啊"。因此《礼记》这句的意思是:"父亲有事招呼时,儿子答话要快而不可慢。"

"诺"这种相当于"是啊"的缓慢回答,相当符合与神沟通时陷入恍惚状态的女性可能做出的反应。

以"是"与"是啊"解释两种回答的不同,白川静先生这幽默的形容,轻而易举地拉近了我们与三千年前的远古中国人之间的距离。这就是白川静先生的聪敏与魅力,实在不容等闲视之。

匿【匿】
nì

代表巫女于隐匿场所悄悄祈祷。

除此之外,"若"还被用在"若此"这个词上。这也是从"神意如此"而来的字义。

将"若"嵌入"匸"而成的"匿",当然也是个与"若"有关的字。

"匸"是个代表被围起的隐匿空间的字形(注1)。

因此,这是个代表巫女于隐匿场所悄悄祈祷,也就是进行巫术仪式的汉字。自此又衍生出"藏匿""逃匿"等字义。

(注1)参照本书第7页,与"匚"有关的说明。

第七章 与【天】有关的汉字

65

【妖】妖 妖 妖
yāo

原字为『芺』加上一个『女』,指巫女两手高举、摆首狂舞的恍惚状态。

现在再回头介绍几个与"夭"有关的汉字。

首先是"妖"。现代人对这个被用在"妖怪""妖魔"等词里的字十分熟悉,但其原字其实是"媄"。

右端的"芺"是"笑"的原字。"芺"所指的,是巫女两手高举、摆首狂舞的恍惚状态。

这种神明附体的女性可能带来灾厄,因此为人所惧。妖艳、妖媚的人事物,都是需要戒备的。

【殀】殀 yāo

「歹」代表风化为白骨的遗体。形容年轻巫女舞姿的"夭",有"年轻"的意涵。两者结合便有"年轻早逝"之意。

【死】死 sǐ

「歹」代表风化为白骨的遗体,"匕"则为"人"的变形。两者结合便有收集枯骨膜拜之意。

介绍"夭"字时曾稍稍提及的"殀"并没有古字。是个由"歹"与"夭"结合而成的字。

在本书第二章"与【堇】有关的汉字"中,介绍"殣"时也曾解释过,"歹"代表骨骸。而与"歹"有关的汉字,为数多到足以另辟一章做介绍,在此仅以"死"字为例。"死"由"歹"与"匕"结合而成,代表膜拜、凭吊骨骸的人。由"死"的字形判断,古时应有待遗体风化后,再收集枯骨埋葬的习俗。

至于"殀"字,前文也解释过由于"夭"代表年轻巫女扭腰摆臀、狂舞祈神,基于形容的是年轻巫女的行为这点而有"年轻"的意涵。故"夭"再加上代表骨骸的"歹",便有了"年轻早逝"之意,读音也同"夭"。

【咲】唉笑
xiào

指年轻巫女两手高举、带笑献舞以娱乐神明。

　　接下来,再介绍一个乍看之下与"夭"无关的文字——"咲"。

　　"咲"原本写作"唉",右端的"夋"为"笑"字的变形。故"咲"一如"笑",同样是指年轻巫女两手高举的舞姿,形容以带笑献舞娱乐神明。

　　"咲"与"笑"的古字完全相同,两者皆无"口"字部,而字义也大致相同。

　　这是个在古籍中见不到的汉字。日文"花が咲く"(译注:花开之意)从前写作"花が開く""花が披く"。"咲"字是后来才被用来形容"花开"。白川静先生推测,这用法的起源应是"以人开口大笑的模样来比喻花开"。

【吴】
wú

由扭腰摆臀的舞者"夨"与盛装祝告文的容器"口"（ㅂ）结合而成的字形。代表在神明面前手持"ㅂ"、高举双手献舞。

接下来再介绍一个不属于与"天"相关的文字系统，但也同样有献舞娱乐神明之意的文字。

这个字就是"吴"。

从"吴"的古字也可以看出，此字乃是由扭腰摆臀的舞者，与上头一个盛装祝告文的容器"口"（ㅂ）结合而成的。

【矢】cè

祭祀时扭腰摆臀舞姿。

从"矢"的古字可以看出，此字形容的是人扭腰摆臀、也就是祭祀时的舞姿，同样是个代表举手狂舞的文字。

不论是"夭"还是"矢"，都是代表人体正面的"大"（大）的变形字（注2）。

只要比较三者的古字："大"（大）、"夭"（夭）、"矢"（矢），就能清楚看出这点。

"夭""矢"两字所形容的，代表人的"大"扭腰摆臀、纵情狂舞。

再回到"吴"字的解释。如前所述，此字是由代表举手狂舞的"矢"与"口"（ㅂ）结合而成的，因此是个代表在神明面前手持盛装祝告文的容器"口"（ㅂ）、高举双手献舞的文字。

（注2）参照《神秘的汉字1》第24页，与"大"有关的说明。

【娱】 娱 yú

形容巫女手捧盛装祝告文的容器"口"（ㅂ），献舞取悦神明的字形。

这是一种娱乐神明的行为，因此"吴"就是"娱"的原字。

"吴""笑""妖"，皆是形容在神明面前献舞的文字。

"吴"与"女"结合而成的"娱"，是个形容巫女手捧盛装祝告文的容器"口"（ㅂ），献舞取悦神明的字形。

【虞】
yú

由代表手捧盛装祝告文的容器"口"（ㅂ）与代表虎的"虍"结合而成的字形，"虞"指头戴虎头娱乐神明。

接下来要介绍的是"虞"字。

这是个由"吴"与"虍"结合而成的汉字。如前文所述，"吴"代表手捧盛装祝告文的容器"口"（ㅂ）舞蹈祈神，"虍"则代表虎头。

因此"虞"所形容的是头戴虎头"虍"以舞乐娱乐神明，是个有"娱乐"意涵的文字。与头戴虎头"虍"相关的文字，还有"戏""剧"等（注3）。

白川静先生认为，"戏"（戲）、"剧"（劇）均与开战前向神明祈求战胜的军戏有关，而"虞"也是个开战或狩猎前举行的仪式，同样是一种头戴"虍"（虎头）取悦神明的舞乐。

由于这个字原本代表在军事行动方面咨询神意的行为，故得"预料"之意。

（注3）参照《神秘的汉字1》第141页，与"剧"（劇）有关的说明。

【误】误 wù

代表巫女手捧盛装祝告文的容器"口"（ㅂ），在忘情舞动中，进入恍惚状态的文字。巫女在这种情况下的发言多半失常，故得"错误、耽误"之意。

【悮】悮 wù

恍惚状态的巫女的"心"（忄）多半失常，故此字同样有"错误、耽误"之意。

接着再来谈谈"误"字。

现用的"误"（誤），是由"言"与"吴"结合而成的。

前文业已说明，"吴"是个代表巫女手捧盛装祝告文的容器"口"（ㅂ），在忘情舞动中，进入恍惚状态的文字。巫女在这种情况下的发言多半失常，故得"错误、耽误"之意。

最后再介绍一个"悮"字。这个汉字如今不大常用，但既然解释了"误"，不妨顺道谈谈。

理由是"悮"与"误"同样有"错误、耽误"之意。

这是个由"忄"与"吴"结合而成的文字，同样形容手捧盛装祝告文的容器"口"（ㅂ）的巫女忘情舞动、神情恍惚。这种情况下的巫女精神多半失常，故字义同"误"。

【女】 nǚ

代表跪坐于神明面前的女性。字形周围有洒出的酒滴，代表以酒净身辟邪。

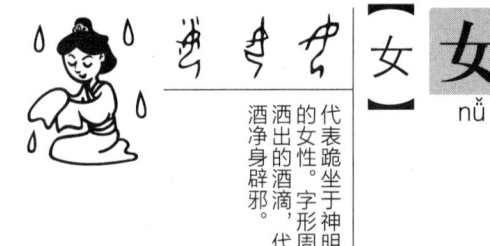

第八章 与【女】有关的汉字

前章已介绍了"夭""笑""若"等与精神恍惚的巫女有关的汉字，本章将针对与女性有关的汉字做系统性的说明。

若根据白川静先生的文字学，学习与女性有关的汉字，将打破汉字体系中恒为男尊女卑的观念。

首先，就从"女"字开始谈起。

从其古字不难看出，这是个将跪坐的女人象形化的文字。

从前认为"女"字是个"代表女性于男性面前下跪的字形"，但白川静先生断定，认为此字反映了女性隶属于男性的男尊女卑观念，是个错误的解释。

在甲骨文的"女"字中，可以看到跪坐的女性周围有水滴状的点。这些点代表洒出的酒，可见此字是个代表以酒净身辟邪的字形。

【如】
rú

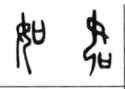

由侍奉神明的「女」与盛装祝告文的容器「口」（ㅂ）结合而成的字形。意指诵唱祝告文的巫女。

　　意即，"女"字中的女性并非跪坐于男性面前，而是神明面前。"女"所代表的，是侍奉神明时的女性。

　　"如"字中的"女"同样是指侍奉神明的女性。此字由侍奉神明的女性（巫女）与盛装祝告文的容器"口"（ㅂ）结合而成，是个将诵读祝告文的巫女象形化而成的文字。这种时候，巫女能得到神明启示，获授神意。

　　由于人将配合神意行事，故有了"如约"的意涵。而自遵从神意的字义，又衍生出从顺之意。

　　至于"不如"中的"如"，有"并肩""匹敌"之意，这字义也是自遵循神意衍生而来的。

　　"茹"在日文中为"水煮"之意。在古文里则有"吃"与"咨询"的意涵。有鉴于"吃"与"咨询"两种字义之间毫无关联，白川静先生推测这可能是个一字二义的汉字。

【茹】 rú

诵唱祝告文的巫女"如"加上"艹"而成的字形。此字的"艹",代表女性狂舞时高举的双手,意指精神恍惚的巫女,借此舞姿向神明做"咨询"。

白川静先生表示,两种字义中,较早出现的是"咨询"。

"茹"的古字作"𦰩"。前章也曾提及(参见本书第七章"与【夭】有关的汉字"),"若"字的草字头与植物并无关联,从其甲骨文或金文的字形可以看出,这代表的是恍惚状态中的女性,双手高举、舞动身躯。同理,白川静先生推论"茹"字的草字头也和植物无关,同样代表女性精神恍惚、双手高举、舞动身躯。

下方的"如"则代表诵唱祝告文的巫女。故形容巫女进入恍惚状态的"茹"字,代表的是巫女以这种姿态向神明做"咨询",并借此获授神意。

此字义与"若"几乎相同。故白川静先生认为"茹"几可说是"若"的同义字。

至于"吃"的字义,白川静先生则认为是精神恍惚的巫女,双手高举的模样被文字化时,双手被误写作草字头,而将错就错地衍生而来的。

恕
shù

【恕】 恕

"如"代表巫女手持"口"(ㅂ)诵唱祝告文咨询神意。由于知人之心可设身处地为其设想,故衍生出"饶恕、宽恕"的字义。

现在,再介绍一个含有"如"的字形——"恕"。

"恕"由"如"与"心"结合而成。

"如"代表手持盛装祝告文的容器"口"(ㅂ)的巫女诵唱祝告文咨询神意,巫女所欲求得的神意就称为"恕"。后来,此字的字义又从咨询神意扩展为推察他人心意。由于知人之心可设身处地为其设想,故衍生出"饶恕、宽恕"的字义。

《论语》有云:"夫子之道,忠恕而已矣。""忠恕"意为"忠诚""宽恕"。白川静先生认为,儒家视"恕"为"仁"的体现,应是自巫女咨询神意、获授神旨得来的联想。

孔子乃巫祝出身一事,是白川静先生著作《孔子传》中的一大重点,同时也是儒家组织的骨干人物。

从儒家思想将巫女诵唱祝告文咨询神明所获得的神意"恕"视为"仁"之道这点,也不难推测儒家与巫祝、巫女们的关系其实是何其深切。

【安】安 ān

"宀"代表宗祠屋顶,亦指庙宇。女人坐在庙里,形容嫁入家门的女性祭拜夫家宗祠。

"安"字中同样有个"女"。

此字由"宀"与"女"结合而成。"宀"代表祭祖宗祠的屋顶,亦指庙宇。女人坐在庙里,代表这是个形容嫁入家门的女性祭拜夫家宗祠的文字。

因此"安"字最初的字义,就是形容刚嫁入家门的女性祭拜夫家祖先(氏族灵)祈求平安的仪式。自此又衍生出"安详"之意。

此一仪式的用意是,由于娘家与夫家的氏族灵有别,若行此仪式,方可避免两者发生争执。

上图列举了几种"安"的古字,在此将针对甲骨文的"𡪣"与金文的"𡧓"做说明。可以看到在甲骨文"𡪣"中的"女"字周围,有类似水滴的点。

在"女"字的说明中也曾提及,这是个代表在仪式中洒酒净身的字形。

而在金文字形"𡧓"中,可以看出新婚妻子的衣摆上添有短短的斜线。这是在安抚新婚妻子的仪式中添加的灵衣。

在《神秘的汉字1》第十五章"与【衣】有关的汉字"说明中也曾提及，远古的中国人认为祖先的灵魂会移驾到"衣"上。

一如日本天皇即位时，需要举行以名曰"真床袭衾"的棉被裹身的仪式，这短短的斜线也代表供夫家祖先移灵的"衣"。古人认为新婚妻子须借此迎接夫家祖先之灵，获祖先认可为家中的一分子，方能"安详"生活。

这种刚嫁入家门的媳妇获得夫家氏族灵认可的仪式，称为"庙见之礼"。白川静先生表示在古代中国，这"庙见之礼"将持续三个月。此礼耗时如此漫长，不难窥见古人为避免夫家与娘家的氏族神对立，在这方面下了多少功夫。

在以甲骨占卜所留下的卜辞中，可以找到许多王之母因卜得新后带厄而行仪驱邪的例子。看来婆媳之间的斗争，早在三千多年前的远古中国就有了。

不过，也别忘了这类婆媳之争，还有两家氏族灵可能不和的古代宗教思想潜藏其中，这其实是一种重视氏族神、氏族灵的时代的斗争。

此外，在日文的"安价"等词中，也可看出"安"在日文里也有"便宜"之意。但这是只有日文才有的字义。

【按】àn

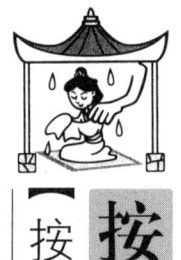

"安"代表刚嫁入家门的媳妇。此字代表以"扌"(手)按压新婚妻子以安抚其情绪。

"按"字中也有个"女",可见这是个代表手"按"刚嫁入家门的新婚妻子以安抚其情绪的文字。由于当时需要以手按压以抑制起伏的情绪,故衍生出"按压、按捺"等字义。

【妻】 妻 qī

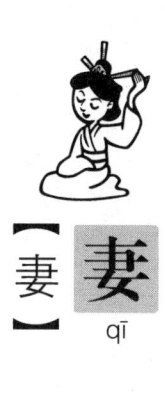

以手为发髻插上三支发簪的女人,也就是在婚礼上的盛装新娘。

接下来,再介绍于宗祠内恭迎氏族灵的新婚妻子的"妻"字。

"妻"字代表的是头发梳理整齐的女性。古字上方的十字图案象征三支发簪,正中央的"彐"则象征"手"(注1)。

其下再加上一个"女"就成了"妻"。亦即,此字代表的是以手为发髻插上三支发簪的女人,也就是在婚礼上的盛装新娘。

"夫"也是个在代表人体正面的"大"顶端再添上一条横线的字形。这条横线代表的则是"笄"(注2)。

由此可见,"夫"是个形容婚礼上于发髻插笄的盛装新郎。因此"夫妻"两字所形容的,就是婚礼上夫妻盛装的模样。

(注1)参照《神秘的汉字1》第3页,与"寻"有关的说明。
(注2)参照《神秘的汉字1》第25页,与"夫"有关的说明。

【每】měi

代表参加仪式时，扎髻插簪的妇女。

由古字观之，可以看出"每"字所代表的，是参加仪式时扎髻插簪的妇女。顶端的十字图案代表发簪，下方的"母"则代表女性。参加仪式时，妇女必须要盛装打扮，头发也须扎髻，并插上簪与笄。

在金文中，此字为"勤奋"之意。

如今则用为"经常"之意。这是个依声托事的假借字。

【敏】mǐn

古字由「每」与「手」结合而成,代表扎髻插簪、忙于祭祀法事的女人。

【捷】jié

形容妇女为法事忙碌奔走的模样。

"敏"是由"每"与"攵"结合而成的字形。"攵"同"支",代表手持鞭子(或树枝)鞭打某个对象。

从篆文字形"敏"可以清楚看出此字形的原意。但从较篆文更古老的甲骨文或金文的字形"敏"可以看出,最早的"敏"字其实是由"每"与"又"(代表"手")结合而成的。

"每"代表扎髻插簪的妇女,加上"又"(手)而成的"敏",便代表扎髻插簪、忙于祭祀法事的女人。

毫不怠惰地举行法事谓之"敏捷"。"捷"为"扌"与"疌"结合而成的文字。"疌"是将"妻"下方的"女"改为"止"而成的字形。"止"同"足",代表走动。可见"疌"形容的正是妇女为法事忙碌奔走的模样,亦是"捷"的原字。

第八章 与【女】有关的汉字

83

【繁】**繁** fán

"繁"指妇女祭祀时扎发盛装的模样，细丝加上模样扎发的"敏"，容品便饰品繁多。

【毒】**毒** dú

指发饰众多、浓妆艳抹的妇女。

接下来谈谈"繁"字。

这是个由"敏"与"糸"结合而成的字形。

形容妇女参加祭祀时扎髻插簪、盛装打扮的"敏"，再加上细丝制成的饰品"糸"，便是"繁"。扎发盛装又佩戴细丝饰品，代表饰品繁多，故有"繁多、繁茂"之意。此外也如"繁杂"所代表的，因过多而显得"杂乱"之意。

"毒"则为妇女参与法事时佩戴繁多发饰的模样。字形上方的"主"，代表的便是层层堆叠的发饰。

由于发饰众多、浓妆艳抹的妇女状甚"刺眼"（译注：原文作"毒々しい"，此词在日文中除了"看似有毒"，亦有"浓艳"之意，但中文里"毒"无此义，故以"刺眼"译之），故谓之"毒"。

此外，由于发饰层层堆叠，故又有"丰厚"（译注：原文作"手厚い"，为"殷勤、热情"之意，但中文里"毒"无此义，故因形容层层堆叠而以"丰厚"译之）之意。

不过，白川静先生曾于《字统》中陈述，如"毒草"等词中用来形容毒性的"毒"，原字极可能是"蔮"。

现在，再多介绍几个与扎发插簪的妇女有关的汉字。

第一个是"齐"（齊）。从甲骨文、金文等古字，便可清楚看出其原意。

"齐"的古字，为发上插有三支长度相同的发簪的字形。由于形容发饰佩戴端整，故有"整齐"之意。也由于字里的发簪长度相同，又衍生出"齐头"等字义。

【齊】齐 qí

形容长度相同的发簪排列整齐的字形。由于发簪长度相同，故有「整齐」、「齐头」之意。髻插三支发簪，乃妇女参加祭祀时的发型。

斋 zhāi

"齐"加上一个象征（祭祀时使用的）桌的"示"，便代表神于神桌前行斋戒以侍奉神明，故有"斋供、斋戒"之意。

形容插有三支发簪的"齐"，乃妇女参加祭祀时的发型。若再加上一个代表神桌的"示"（注3），便成了"斋"（齋）。

"斋"是个代表在神桌前祭祀的汉字。自此又衍生出"斋供、斋戒"等字义。

（注3）参照《神秘的汉字1》第28页，与"示"有关的说明。

参
cān
cēn

代表将三支发簪朝中央插拢的模样。因发簪为三支，故亦当成数字"三"的大写使用。且因三支发簪聚拢合于一点，也有"参合"之意。又因发簪高低不齐，亦有"参差不齐"之意。

最后，再介绍一个与发簪有关的文字——"参"（参）。

这是个在象征插有三支发簪的人体侧面，加上代表发簪的玉石闪闪发光的符号性文字"彡"而成的字形。将三支发簪并列插于髻上谓之"齐"，由古字观之，"参"则形容将三支发簪朝中央插拢。如此将使发簪呈高低不平的参差（意为长短不齐）状态。

"齐"与"参"皆为衍生自妇女插簪的文字。"齐"代表发饰排列"整齐"，发簪"齐头"，相反的，"参"则形容发簪中央高而左右低，故代表"参差不齐"。

此外，由于三支发簪聚拢于一点，故又有"参合"之意。"参诣"一词亦是自此衍生而来的，原意为"亲自到达"，但在日文中仅形容"上寺庙参拜"。

此外，由于形容三支发簪，故亦当成数字"三"的大写使用。

【帚】 帚
zhǒu

"帚"形容的是将木条尖端切细成帚状。并非用于扫除，而是用来泼洒香酒，以为宗祠驱邪辟凶。

第九章 与【帚】有关的汉字

日本曾有一段时期，大家相当排斥"妇女""主妇"这几个词，盛行以其他字眼取代。理由虽不清楚，但"妇"字有"女人持扫帚清理家中"的意涵，似乎是一大原因。

白川静先生一再坚称："当时的女性可是很有权力的。'妇女'的'妇'字，并没有持扫帚（箒）清理家中之意。"也曾频频驳斥妇女天生的命运就是持扫帚（箒）扫除的俗说。

【婦】妇 fù

由"帚"与"女"结合而成的文字。指负责挥"帚"为宗祠驱邪辟凶的女性。

就字形看来,"妇"(婦)的确是由"女"与"帚"结合而成的。

许慎在《说文解字》中对"妇"的解释是:"服也,从女持帚洒扫也。""服也"乃服从之意。"洒扫"则为扫除清理之意。

亦即,被誉为汉字圣典的《说文解字》,将"妇"字解释成"服从"且负责"扫除"的人。看来现代人对"妇女"的解读,的确不无道理。

但许慎生于东汉时期。而汉字的诞生,要比许慎生活的时期早约一千三百年。殷商时代的甲骨文,以及后来的金文,当时都已被埋在地底深处,许慎几乎无从一窥其貌。

以细心钻研甲骨文、金文的成果为基础，创立崭新汉字学的白川静先生认为，"帚"的确是一种将木条尖端切细成帚状的工具，但此"帚"并非用于扫除，而是当作泼洒香酒，以为宗祠驱邪辟凶的"玉帚"仪式中所使用的道具。

负责此一工作的一家主妇，即谓之"妇"。

此字如今虽有"人妇、主妇、妇女"等字义，但殷商时代的"妇"似乎被视为自家氏族的代表者，地位相当重要。

在本书第三章"与【而】有关的汉字"中，也曾提及定都安阳、建立统一国家的初代商王武丁之妻"妇好"。据传妇好曾率领万余大军出征，实际上也有为妇好率兵出征问卦的甲骨文出土，可见当时妇女的地位相当崇高。

如前文所述，《说文解字》将"妇"解释作："服从者"。但率领万余大军出征的妇好，怎么看都不像个"服从者"。

飞鸟时代的日本，也曾有女性天皇——齐明天皇为援救百济率兵远征九州。齐明天皇似乎是个具有巫女性格的人物，根据《日本书纪》的记载，她也曾如中国的巫祝般祈过雨。

齐明天皇曾两度担任天皇，在第一

任的皇极天皇时代，曾于公元642年（皇极元年）于今天的明日香村的河川上游祈雨。根据记载，当时她跪拜四方，朝天祈祷，旋即传来阵阵雷鸣，大雨亦从天而降。据说这场雨接连下了五天。

白川静先生表示，远古社会中的成员人人各司其职，当时并无明显的阶级差异与性别歧视。

直到周朝的父权思想奠定了古代贵族制度的社会秩序，性别歧视才开始变得显著。但文字诞生于远较此贵族制度成立的时期更早的共同体社会时代，故草创时期的文字，原无此类歧视思想掺杂其中。

白川静先生虽然对女性十分尊重，但绝无为女权主义背书之意。做此解读，不过是出于对真相的坚持。基于探究得来的真相，方才抨击将"妇"解释为"服从者"或"扫除者"，以及将"女"解释为"跪坐于男性面前者"，均为毫无根据的俗说。

其他还有许多包含"帚"的文字，例如"扫除"的"扫"（掃）。

扫【掃】 sǎo

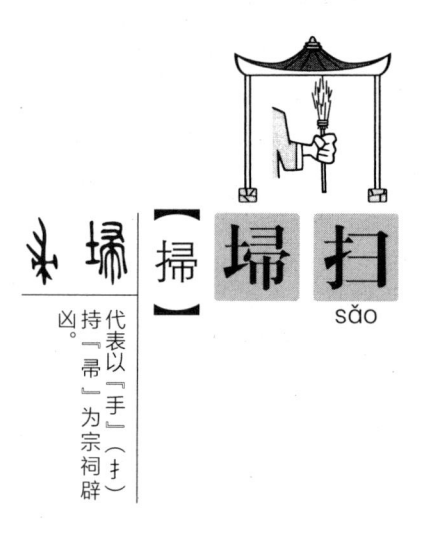

埽 [掃]

代表以『手』（扌）持『帚』为宗祠辟凶。

"扫"（掃）由"扌"与"帚"结合而成。"帚"为将木条尖端切细成帚状的工具。在解释"妇"字时也曾提及，此"帚"乃用于泼洒香酒，以为宗祠驱邪的法器。持此法器为宗祠辟凶，便谓之"扫"。

【除】 chú

"阝"代表神明自天界降下人世所用的阶梯,"余"则为带柄的长针。事前以"余"刺戳神将光临的土地以驱邪辟凶的文字。

此外,"扫除"的"除",原本其实是个与清扫完全无关的文字。

"除"由"阝"与"余"结合而成。"阝"代表神明自天界降下人世所用的阶梯(或梯子),"余"则为带柄的长针。事前以"余"刺戳神将光临的土地以驱邪辟凶,即谓之"除"(注1)。

"扫除"原本指的,就是这种"驱邪辟凶"的行为。

但到了现代,"扫除"仅用来形容除去垃圾或尘埃。

(注1)参照《神秘的汉字1》第49页,与"除"有关的说明。

【歸】归
guī

"自"乃军队出征时视为守护灵携行的肉。象征脚的"止"代表"移动"。"帚"则是在庙内泼洒香酒，以驱邪辟凶的法器。意指军队凯旋时，将代表守护灵的肉，供奉于以香酒驱过邪的庙中，向祖先之灵报告自己平安归来。

"归"(歸)字里也有个"帚"。

此字由"自""止"与"帚"结合而成。"自"乃军队出征时视为守护灵携行的肉。象征脚的"止"代表"归来"。"帚"则是在庙内泼洒香酒，以驱邪辟凶的法器，在此字里代表"庙"。

因此"归"的原意，是指军队凯旋时，将代表守护灵的肉供奉于庙中，向祖先之灵报告自己平安归来的仪式。后来才演变成泛指一切"归来"（注2）。

此外，"归"还有"于归"之意。女性嫁入夫家后，需要于夫家宗祠祭祀，向夫家祖先报告自己嫁入家门，并恭请祖先们接受。意即嫁入夫家后，于祭祀时会以扫帚打扫夫家宗祠，故含有"帚"的"归"亦有了"于归"的意涵。

（注2）参照《神秘的汉字1》第45页，与"归"有关的说明。

"浸"也是个含有"帚"的文字。右端的"㔾"代表以"又"（手）持"帚"。《说文解字》中提及的"浸"写作"濅"，去除"氵"与"宀"，剩下的部分的确就是个代表以"又"（手）持"帚"的字形。

此字代表在寝殿（正殿）中以"帚"泼洒香酒，以为此处驱邪辟凶。"濅"字中的"宀"代表庙，在此字中则指寝殿（正殿）。以帚洒酒为寝殿驱邪时，将使寝殿沉浸于酒香中。以弥漫酒气驱邪，便谓之"浸"。后来字义又从单指浸以酒气驱邪，扩展为泛指一切"浸泡"。

【浸】浸 濅

jìn

右端为简化的『帚』与『又』（手）结合而成的字形。意指于寝殿（正殿）中泼洒香酒，以为其驱邪辟凶。

第九章 与【帚】有关的汉字

【侵】 qīn

右端的"㐱"为简化的"帚"与"又"(手)结合而成的字。形容某事物如同"帚"泼洒的酒气一般，对人逐渐浸透。

除了形容液体浸泡的"浸"，形容外人侵入的"侵"也是个与"帚"有关的文字。

一如"浸"，"侵"右端的"㐱"也代表以"又"(手)持"帚"。以"帚"于寝殿（正殿）中泼洒香酒，使酒气弥漫其中，以为其驱邪辟凶，便谓之"浸"。

这形容酒气于庙内逐渐浸透的字义，后来扩大到形容战时的"侵略"等。浸透的对象若是人，便写作"侵"字，并有了"侵犯"的字义。

【寝】寢寝
qǐn

古字为"宀"与"帚"结合而成的字形，"帚"原意为以泼洒香酒驱过邪的宗祠。现代形容睡眠的"寝"，乃自形容人于"寝"中遭梦魔袭击而卧病不起的"寢"字演变而来。

"寝"也是个与"帚"有关的文字，在此将针对此字略作解释。

"寝"的原意，是以泼洒香酒的"帚"驱过邪的"寝殿"（庙）。最早的古字是甲骨文、金文的"𡨄"，乃"宀"与"帚"结合而成的字形。当中并没有现用字形中所包含的"爿"（代表"床"）。

其中的"宀"，象征的是祭祖宗祠的屋顶。以"帚"泼洒香酒驱过邪的宗祠，便谓之"寝"。其实在"寝"的甲骨文字形"𡨄"中，也可看到象征飞洒酒滴的点状笔画。

由此可见，"寝"的原意是以酒气驱过邪的"灵庙"。与正殿同义的"寝殿"一词，也源自此一字义。

至于用于"就寝、安寝"的"寝"，原本写作笔画复杂的"寢"。

这是个在"宀"之下，左为"爿"，右为"䒑"，其下又为"帚"的字形。亦即，"宀"下方右端是个将"梦"的"夕"替换成"帚"

97

的字形。

此一字形代表"梦魇"。

远古的中国人认为,"梦"乃因佩戴眉饰的巫女"媚女"施法而生。这类媚女擅长以名为"媚蛊"的巫术召唤梦魇,使人卧病不起(注3)。

因此"寐"字所代表的,是睡眠中遭梦魇袭击而卧病不起。后来才演变为形容一般的睡眠。

现用的"寝"字,是由代表以酒气驱过邪的宗祠"寑"与"爿"(床)结合而成的。从这个字并未被收录在《说文解字》中看来,应该不是个自古就有的字。

最后,将针对媚女所用的巫术"媚蛊"中的"蛊"(蠱)字略事说明。

(注3)参照《神秘的汉字1》第79页,与"梦"有关的说明。

"蛊"（蠱）为"皿"加上三个"虫"而成的文字，"蠱"即为"虫"的原字。这方面的感觉或许因人而异，但若问所有汉字中，哪个字最是吓人，笔者认为这个由"虫"与"皿"结合而成的"蛊"字，若非第一，便是第二。

　　相传"媚蛊"曾于汉代流行。武帝末年还发生过"巫蛊之祸"（公元前91年），连武帝的太子与皇后都命丧此祸，使晚年的武帝为此消沉不已。

　　汉代流行的"媚蛊"巫术，内容大致如下。

　　于五月五日封百虫同器蓄之，使其自相食啖，胜者为灵以祀之，取其毒供人饮食，便可害人。

　　此乃《字统》中关于"蛊"字的说明。读来着实教人不寒而栗。

【力】 力 lì

将农具"耒"象形化的字形。

第十章 与【力】有关的汉字

部分汉字含有许多代表作为牺牲的动物的字形，这点或许给人一种汉字诞生于狩猎社会的印象。不过远古中国的殷商，其实是个农业国家，因此有许多汉字与农业有关。本章将介绍的汉字，均是与农业有关的文字。

第一个是"力"。

"力"的古字，是个将农具"耒"象形化的字形，也就是甲骨文的"耒"字。以"耒"耕作需要力气，故衍生出"力量"的字义。

【男】男 nán

由"田"与"力"结合而成的字形。原指农耕的管理者。

"男女"的"男",是个由"力"(耒)与"田"结合而成的文字。"力"加上"田"虽然代表"耕作",但在古时也代表农耕的管理者。

后来农耕的管理者被分成五等爵位。也就是说"公爵""侯爵""伯爵""子爵""男爵",其中的"男爵",原本是授与农耕管理者的爵位。

此字似乎自古便被用来形容"男人",但如"男女"般被当作"女"的对应字,似乎是春秋战国时代以后的事。在那之前,男子被称为"士","男女"通常写作"士女"。本书第一章"与【王】有关的汉字"中也曾提及,"士"指的是战士阶级。

下层阶级的"男"谓之"夫",大多指的就是"农夫"。在金文中,以一夫、二夫称一位农夫、二位农夫,管理农夫者则称为"大夫"。

由"卿""大夫""士"的排序可见,"大夫"的地位高于"士",这乃是因为战士阶级没落后,农夫的管理者"大夫"的地位有所提升使然。

加
jiā

"力"与"口"(ㅂ)结合而成的字形。指的是一种为"耒"(耒)净化驱邪,以为提高生产力的仪式。

"加"是由代表耒的"力"与盛装祝告文的容器"口"(ㅂ)结合而成的字形,指的是一种为"耒"净化驱邪,以提高生产力的仪式。古时为避免虫害,农民曾有在初秋开耕时,为"耒"驱邪的习俗。可见远古时期的中国人认为,若不彻底净化农具,作物恐遭害虫蚕食。

"加"的字义,便是将农具"加以"净化,以提高作物产量。

【嘉】嘉 jiā

指举行的净化农具仪式，伴上鼓声，以净化农具。"耒"

为"耒"驱邪时，伴上鼓声，就称为"嘉"。

"嘉"字由"壴"与"口"结合而成，"壴"即为"鼓"。现用的字形"嘉"除掉"加"的部分，与"鼓"的左侧是完全相同的字形。

此字原指净化农具的仪式，由于这是个"好"仪式，便被用来泛指一切的"好"。

此外，在卜卦的甲骨文中，也有占卜分娩的内容："此为加乎？""此非加乎？此为女乎？"生男谓之"加"，"加"即为"嘉"，不难看出生产农作物的仪式与生育后代的仪式之间的关联。

第十章 与【力】有关的汉字

103

【贺】贺 hè

为提升生产力、净化农具的仪式"加",与子安贝结合而成的字形。子安贝也被视为增产的象征。

　　"贺"由"加"与"贝"结合而成。"加"代表一种以盛装祝告文的容器"ㅂ"为"力"(耒)驱邪,以防虫害、提升生产力的仪式。"贝"则代表被视为增产象征的"子安贝"。两者结合而成的"贺",也是指一种祈求增产的仪式。

　　由此可见,"贺"本是个与农作物生产的仪式有关的文字,后来字义被扩展为对一切生命或生产行为的"祝贺"。

【静】静 jing

「青」指以青丹制成的蓝色颜料,「争」代表以「爪」(手)持「力」(耒)。此字指一种净化农具、祈求丰收的仪式。

在此,将顺带介绍一个虽不包含"加"字,但同样与净化农具的仪式有关的文字。

也就是白川静先生的"静"字。

这是个由"青"与"争"结合而成的字形。"青"指以青丹制成的蓝色颜料,常被用在净化器物的仪式中。"争"乍看之下与"力"毫无关系,但其实是个代表以"爪"(手)持"力"(耒)的字形。由上方的古字可以看出,其描绘的是一只手放在"力"(耒)上。由于净化农具的目的是祈求消灭虫害、作物丰收,故得"安宁、宁静"之意。

第十章 与【力】有关的汉字

【动】 動 动 dòng

左端的"重"原本写作"童",指遭处于眼上刺青的墨刑的囚犯或奴隶。加上一个"力",便有了从事农耕的意涵。

【働】 働 dòng

意为"动作"的"动"加上"人"而成的字形。意为"劳动"。

"动"（動）是由"重"与"力"结合而成的文字。不过,左端的"重"在原字里写作"童"。

在《神秘的汉字1》中（第八章"与【辛】有关的汉字"）的说明里也曾提及,"童"原指遭处于眼上刺青的墨刑的囚犯,或为奴隶等身份者。

"童"（重）加上"力"（耒）,便有了从事农耕的意涵,也就是"动作、动手、劳动"之意。

在现代日文中,从事农耕方面的劳动多写作"働",这是日本在明治维新后,为了翻译欧美的语言而造出来的汉字。但后来却"回销"中国,如今中国也使用此字了。

【努】nǔ

代表奴隶的「奴」加上「力」，形容农奴辛勤农耕。

【奴】nú

代表以「手」捕女性为奴的文字。

"努力"的"努"是个由"奴"与"力"结合而成的文字，"奴"则是由"女"与"又"结合而成。"又"代表的是"手"（注1）。

意即，"奴"代表以"手"捕"女"，也就是捕捉女性为奴，故有"仆人、佣人、奴仆"之意。这"奴"字再加上一个象征"耒"的"力"，便成了形容农奴辛勤农耕的"努"，后来又扩大为泛指一切的"努力"。

除了"努"，诸如"弩"或"怒"等汉字也含有"奴"，但这些都是带有"激烈、强劲"意涵的文字。

可见对远古的中国人而言，农耕是一种需要不断"努力"，且"激烈、强劲"劳动的差事。

（注1）参照《神秘的汉字1》第4页，与"又"有关的说明。

第十章 与【力】有关的汉字

107

【勤】勤 qín

左端的「堇」代表干旱与饥馑。加上一个"力",便代表努力耕作。

前文提到"努力"的"努"是个与农具"力"(耒)有关的文字,带有同样意涵的"勤劳"一词中的"勤"与"劳"两字也都含有"力"。

"勤"的左端"堇",代表的是干旱造成的"艰难"(注2)。

加上一个"力",便代表为免于饥馑而勤劳耕作的努力。

(注2)参照本书第20页,与"艰"有关的说明。

【焚】 焚（查无此音）

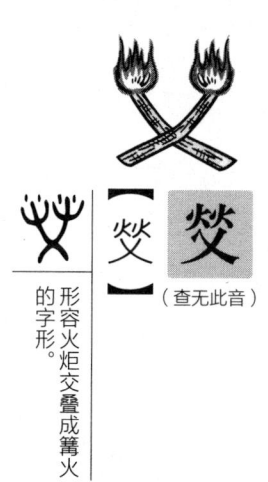

形容火炬交叠成篝火的字形。

【劳】 劳 láo

上方为火炬交叠成的圣火，全字形容以圣火净化下方的"力"。

在此将略事解释同样与"力"（耒）有关的"劳"（勞）字。此字由"熒"与"力"结合而成，"熒"原本写作"焚"，从古字中便可清楚看出，这是个形容火炬交叠成篝火的字形，"力"则代表"耒"。以圣火"熒"净化"力"（耒）的仪式，便谓之"劳"。

"劳"的原意为"慰劳、犒劳"，后来扩大为形容勤劳的"劳动、劳役"等，自此又衍生出形容辛苦的"劳累、劳神"等字义。

【務】务 wù

𢁅 𦩎

「攵」意为「持某物殴打对手」，「敄」意为「持矛要挟」。再加上「力」，便成了务农之意。

"务"（務）由"敄"与"力"结合而成。"敄"是个由"矛"与"攵"（攴）结合而成的字形。

"攵"原字为"攴"，"卜"的部分代表树枝，下方的"又"则代表"手"。因此"攵"（攴）带有"持物殴打"的意涵（注3）。

因此，"务"字便代表持"矛"要挟以奴役他人。而由于"力"代表"耒"，故"务"原本指的是"务农"，后来才扩大为泛指一切"劳务、勤务、任务"。

（注3）参照《神秘的汉字1》第10页，与"政"有关的说明。

【勉】 miǎn

"免"代表分娩，"力"同"耒"，代表农耕。因分娩时的屈身姿势"俛"与农耕时姿势相似，故得此字。原意为"认真耕作"。

顺带一提，"勉强"的"勉"原本也是一种与农耕有关的仪式。"免"有两个不同根源的字义，一为形容生产的"分娩"，二为形容脱除的"免除"。"勉"字中的"免"，为形容生产的"分娩"。

"勉"右端的"力"代表农具"耒"。"免"则代表与"分娩"时相似的屈身姿势"俛"，农民从事农耕时也呈这种姿势。因此务农便谓之"勉"。"勉强"一词，原本形容的是"认真耕作"。

也就是说，我们时下常用的"努力""勤劳""勤务""勉强"（译注："勉强"在日文中为用功、读书之意）等词，起源都与农耕有关。

【勵】励 lì

字形左端的"厉"与"砺"同义。"砺"为"磨刀石"之意。再加上一个"力"(耒),便代表在多石的荒地耕作。

"勉励"的"励",当然也是与农耕有关的文字。

"励"左端的"厉",在此字中与"砺"(磨刀石)同义。再加上一个"力"(耒),便代表在多石的荒地耕作之意。如此耕作当然辛苦,值得勉励,故得"励行、励志"等意。此外,《说文解字》也未收录此字,故无古字。

【勸】劝
quàn

左端的"藋"代表"鹳","力"则为代表农耕的"耒"。形容以鸟卦占卜作物将丰收还是歉收。

"劝"(勸)是个由"藋"与"力"结合而成的文字。"藋"代表"鹳",被视为一种神圣的鸟类。"力"则为代表农耕的"耒"。

古代中国视"鸟"为神意的媒介,因此以"鸟"进行各种各样的占卜（注4）。

白川静先生认为,"劝"便是一种借由鸟卦征询作物将丰收还是歉收的占卜。

借鸟卦征询神意,再循神意进行"农耕",故得"劝告"之意。又由于代表在征得神意后进行耕作,故又有形容勤勉的"劝业"之意。基于征求神意的意涵,还造出了"劝诱""劝进"等词,后来字义扩大为泛指一切"劝告、劝业"。

（注4）参照《神秘的汉字1》第127页,与"隹"有关的说明。

【观】 guān

指以「萑」（鹳）行鸟卦，体察、观察神意。

【萑】

代表被视为圣鸟的「鹳」。鸟被视为神意的媒介，故被用来求神卜卦。

至于以"萑"（鹳）行鸟卦，体察、观察神意，便谓之"观"。

"劝"是个与农业仪式有关的文字，想必"观"（觀）原本也与为农耕征求神意有关。后来字义扩大为泛指一切"观看、观察"。

【歡】【歡】欢 huān

指借以「藋」（鸛）进行鸟卦，并问得良好结果而欢喜。

【劣】劣 liè

「力」代表「耒」。形容耕作能力低劣。

除了"劝"与"观"，还有个同样形容以"藋"行鸟卦的字——"欢"（歡）。

"欠"代表张口而立的人的侧面，形容出声祈祷。祈祷成真并有好结果，让人"欢喜"，故得此意。

由于殷商时代是农业社会，故还有许多含有象征耕作的"力"（耒）的字形。在此，将从我们日常生活中最熟悉的汉字里，再挑出几个例子作介绍。

首先是"劣"字。

很明显的，此字乃由"少"与"力"结合而成。由于"力"代表"耒"，故此字原本的字义，是形容耕作能力"低劣"。后来字义扩大为泛指一切的"低劣"，同时也有"不足"的意涵，例如"薄劣"。

【朕】 朕 朕 zhèn

朕 䑍

形容以两手奉献盛于原字左端的「舟」（盘）中的供品。

　　最后，就以"胜"（勝）这个字为与"力"有关的汉字这章做个总结。

　　此字解释起来有点复杂，还请各位读者看在这是本章将介绍的最后一个字的分上耐心读完。

　　"胜"是个由"朕"与"力"结合而成的文字。

　　"朕"读作"you"（日文ヨウ的音），原字写作"䑍"。此字左端的"舟"代表盘子。"关"则代表以双手奉献。意即，"朕"是个形容在盘（舟）中盛装供品，两手捧着向人奉献的字形。

　　赠送金钱则写作"賸"。此字是由"朕"再加上一个代表金钱的"贝"，故有馈赠金钱之意。

　　此外，女性出嫁时，陪嫁的女人写作"媵"。奉上契约的副本则写作"誊"。

【賸】賸 shèng

"朕"再加上一个代表金钱的"贝",意指馈赠金钱。

现在再回到"胜"字。

"力"代表农具"耒"。"朕"则代表双手奉献盘中供品。可见这是个形容开耕时以"耒"与盘中供品祭神、卜卦农事吉凶的文字。

占卜是否将丰收,又问得好结果"吉",便谓之"胜"。由于"胜"代表神意如人所愿、求得好结果,故被视为将带来"胜利"。

最后,再针对"胜"中所包含的"朕"这个字略作补充。大家通常都将"朕"字念作"阵",但这似乎是错误的。

白川静先生在《字统》中曾提及,"朕"自甲骨文时代起,便被当作代表"王位继承人"的文字。到了金文时代,又被用为第一人称所有格使用。

而这个字被用作皇帝的自称,则是从秦始皇开始的。但前文亦曾提及,"朕"的读音为"you"。含有此一字形的有"賸""滕""誊""胜"

第十章　与【力】有关的汉字

117

【勝】勝 胜

由"朕"与"力"结合而成的字形。"朕"代表双手奉献盘中供品,"力"则同"耒"代表农耕,故指以盘中供品祭祀神明,卜卦农事吉凶。

等字,读音也都和"阵"截然不同。

白川静先生推测,这可能代表"朕"其实是"朕"的误用。秦始皇于公元前221年统一中国,当时距离汉字诞生已过了千余年,自商朝至周朝被当作第一人称使用的"朕"的正确读音"you",到了秦始皇的时代业已失传,而秦始皇误以为"月字旁"与"目字旁"的文字读音相同,就这么把音给读错了。从此以后,本该读作"you"的"朕",就被读成了"阵"。

【委】 wěi

由「禾」与「女」结合而成的字形。「禾」为呈「禾」形的衣物，乃稻魂（寄宿于稻上的神灵）的象征。故此字代表身披「禾」跳舞的女性。

第十一章 与【委】有关的汉字

前章介绍了一连串与为农具"力"（耒）施法辟邪、以提高农耕产量有关的文字，本章则将介绍与祈求作物丰收有关的汉字。

这些字就是"委""年""季"。

"委"是由"禾"与"女"结合而成的文字。"禾"是呈"禾"形的衣物，乃稻魂（寄宿于稻上的神灵）的象征，用来披在身上歌舞祈求丰收，而身披稻魂跳舞的女性，便称作"委"。

开耕前，男男女女均以舞蹈祈求丰收。由于女性以低蹲之姿跳舞，故有"委婉、委身、委托"等意涵。此外，由于是"委"着身子跳舞，故又得"委靡""委顿"等字义。

相对的，身披稻魂跳舞的男性，则谓之"年"。

119

【年】nián

由"禾"与"人"结合而成的字形。以代表身披稻魂跳舞,以祈求丰收的男性。

【季】jì

身披稻魂"禾"跳舞的孩子。

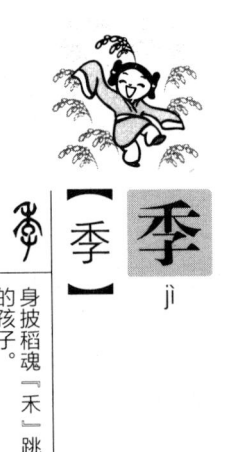

由古字可以看出,"年"是个由"禾"与"人"结合而成的字形。由于为祈求丰收而跳田舞,故有"丰年"之意。又由于"禾"一年一获,自此衍生出"年"的字义。

田舞通常由男女二人进行,但有时孩子也会加入,此时的孩子就称为"季"。此字所指的,就是身披"禾"假扮稻魂,参加田舞这种农耕仪式的孩子。

金文中有个代表王族孩童的字" "。由于"季"原意为"幺子",原本指的很可能是参加田舞的"王族幺子"。

此金文字形中的" ",象征的是一只手高举、一只手下垂的孩子,代表的其实是商朝的王子。

由于原指幺子,故也泛指"末了的"。"季世"代表末世,"季年"代表晚年,"季夏"代表夏末。用在"四季""冬季"等词时,则为"时期"之意。

【萎】wěi

有"微弱"意涵的"委"加上"艹"，意指草木"枯萎"。

【痿】wěi

形容女性蹲低身子跳舞的"委"亦有"委顿"之意。加上"疒"而成的"痿"，则指手脚麻痹的"痿疾"。

接下来，将介绍几个含有"委"的字形。

首先是"萎"。

开耕时，女性身披稻魂，以低蹲之姿轻舞，故"委"有"微弱"的意涵。加上一个"艹"而成的"萎"，便有"萎靡"，或草木"枯萎"之意。又由于源自形容蹲低身子跳舞的"委"字，故亦有"萎缩"之意。

"委"加上"疒"而成的"痿"字，同样带有女性身披稻魂、低身跳舞的意涵，即"微弱"，但"痿"主要指手脚等身体部位因神经系统病变而麻痹，即"痿疾"。

第十一章 与【委】有关的汉字

121

【矮】ǎi

形容女性低身舞蹈的"委"。也有"矮小"之意。"矮"亦指"身躯矮小"。

【逶】wēi

形容女性低身舞蹈的"委",加上代表行于道上的"辶"而成的字形,代表"弯曲、蜿蜒"。

此外,由于身披稻魂、低身跳舞的女性,姿势较低,故"矮"字右端的"委"也有"矮小"之意。"矮屋"指"低矮的屋宇",也就是"贫宅"。"矮躯"则为"低矮的身躯"。

"逶"或许是个少见的字,但此字亦读作与"委"相近的"wēi",意为"弯曲、蜿蜒"。

"委"代表女性身披稻魂(禾)、低身舞蹈的农耕仪式,由于形容女性放低身子步行,故加上一个"辶",以形容"弯曲、蜿蜒"。

"逶迤"或"逶移",均为"弯曲而绵长"之意。

【禾】
hé

代表"稻禾"的下垂稻穗的字形。"禾"还有另一个代表"军门"的文字系列。

　　虽与上述包含"委"的字形不同属，但在此将顺带列举几个与"禾"有关的文字。

　　从古字可清楚看出，"禾"是一个代表"稻禾"的下垂稻穗的字形。

　　但"禾"还有另一个代表"军门"的文字系列。代表稻穗的"禾"与代表军门的"禾"，自古似乎就为人所混淆。因此日文训读才有"いね"与"ぐんもん"两种读音（译注：依序为稻禾、军门即军队的营门）之意。

　　本章以下内容将说明的，均是与代表下垂稻穗的"禾"有关的字形。这点还请各位读者牢记。

第十一章　与【委】有关的汉字

123

【秀】秀 xiù

代表下垂的『禾』的稻穗上开花的字形。

【秃】秃 tū

代表『禾』的稻穗果实散落变成空壳的状态。

"秀"是个代表下垂的"禾"的稻穗上开花的字形。形容的是花开后下垂的稻穗。

由于盛开时是花最美艳、最秀丽的状态，故有"卓越"之意。后来也用来形容人的"优秀"。

反之，"秃"则代表"禾"的稻穗果实散落变成空壳的状态。

原意为少了果实的"禾"，但用在人身上，就代表头顶发秃。后来所形容的范围又扩大到其他事物，例如"秃山"（草木不生的山）、"秃笔"（笔毛尖端不尖的笔）等。

【颓】 tuí

"秃"与代表人的侧脸的"页"结合而成的字形。形容人容姿衰退、俨然空壳。

若要列举一个"秃"的相关字,"颓废"的"颓"便是一例。这是个由"秃"与代表人的侧脸的"页"结合而成的文字,用来形容人容姿衰退、俨然空壳。故有"颓圮、颓败、衰颓"等字义。

原本仅指"颓颜"(衰颓的面孔)、"颓发"(衰颓的头发)等"颓龄"(衰老)所造成的容姿衰退,后来字义又被扩大成形容一切事物的倒塌、废弃,例如"颓废"。

总之,"禾"上开花谓之"秀","禾"果实散落谓之"秃",介于两者之间代表"禾"结了"果实"的,即谓之"穆"。

[穆] 穆 mù

代表「禾」上的稻穗成熟下垂，即将散落的字形。

"穆"的古字"𥤿"，代表的是"禾"上的稻穗成熟下垂，即将散落的模样。不少古汉字字形幽默，能引人会心一笑，"穆"正属于这类汉字的典型。

白川静先生在《字统》中如此介绍这个金文字形："代表禾穗成熟，即将散落，象征由外亦可见其成熟内在。穆穆一词，形容的即为内在充实之美。"

因此"穆"除了"成熟、结实"之外，还有"穆然、肃穆、穆如清风"等字义。以"穆如清风"形容温和，乃是源自植物均于气候温和时结果。

由此可见，"秀""秃""穆"均是属于同一系列的文字。

【米】米 mǐ

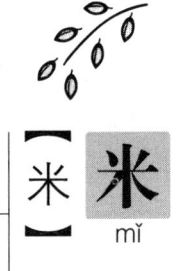

代表稻穗两端结实的字形。

此外，再简单介绍一下"米""稻""穗"几个字。

首先是"米"。由其甲骨文字形"⚹"看来，这是个在稻穗上下分别添上三个点而成的字形，代表的就是结了穗的"禾"，故意为"稻米"。

长江中、下游自古便有水稻栽种。于现今武汉一带的长江中游北岸发掘的中国新石器时代文化——屈家岭文化所栽种的稻米，据说已证实与日本米属于同种。

【稻】稻 dào

右端的"舀"代表以"爪"(手)自"臼"中取出其内的"禾"。

"稻"由"禾"与"舀"结合而成。"禾"代表"水稻","舀"则代表以"爪"(手)自"臼"中取物。由其金文字形（ ），可以看出"臼"中有东西散落。

用以盛装谷类供奉神明的青铜器铭文中,常可见一句"用盛稻粱",可见稻亦为祭神供品之一。

【穗】采穗
suì

原字"采"由"爪"与"禾"结合而成，代表的是以指尖摘取"禾"的稻穗。

此外，"穗"原字写作"采"。"采"为"爪"与"禾"结合而成的字形，代表的是以指尖摘取"禾"的稻穗，由其篆文字形"采"最能清楚看出原意。自此便衍生出"稻穗、穗梢"等字义。

最后要介绍的，是日本古代国名的"倭"字。

"倭"中的"委"代表身披稻魂跳舞的女性，弯身摇曳的姿态。加上一个"人"而成的"倭"，自古便是个出现在中国史书上的日本国名，日文训读作"やまと"（译注："やまと"今汉字写作"大和"），有"跟从"之意。

日本的古名也写作"倭奴国"。"倭"代表"蹲低身子跳舞的人"，故带有"矮人"或"萎缩的人"的意涵。看来这其实不是个有正面意义的国名。

1784年在博多湾的志贺岛发掘出刻有"汉委奴国王印"的金印，咸认是东汉光武帝于公元57年授与"倭奴国"使节的印玺。金印上的"委奴国"或《后汉书》上的"倭奴国"，所指均为日本。

【倭】 wō

代表身披稻穗、低身跳舞的女性的「委」加上「人」而成的字形，为古中国史书上记载的日本古名。

古代的中国人蔑称西方异族为"西戎"，东方异族为"东夷"，北方异族为"北狄"，南方异族为"南蛮"，这四个字其实都带有贬意，不是从"犭"部，便是从"虫"部。

这种蔑称的习惯，并不只针对中国的近邻诸国。

例如英国如今虽写作"英吉利"，但白川静先生表示，昔日中国曾将之写成每个字都加上"口"部的"嘆咭唎"。"口"也是兽畜"狗"的略符，可被加在任何一个汉字上，想必意指对象"像狗"。

从这种行为中，看不出有任何学习西欧先进文化的意愿。从十九世纪到二十世纪，中国遭到列强侵略，有了惨痛的体验，白川静先生认为中国之所以为列强所蹂躏，实为这种不愿学习他国长处的中华思想使然。

至于日本的古国名"倭奴国"，"倭"有"矮人"的意涵，"奴"则代表以手（又）捕"女"为奴，两字其实都带有贬意。

白川静先生在《字通》中的"倭奴"一项，曾自中国史书《元史·外夷一·日本传》引述此节："日本国在东海之东，古称倭奴国，或云恶其旧名，故改名日本，以其国近日所出也。"可见日本人正是因为厌恶"倭奴"这个名称，才将国名改为"日本"的。

第十二章 与【方】有关的汉字

在前章结尾,曾提及中国以"东夷""西戎""北狄""南蛮"称呼其周遭文化较为落后的民族。"夷""戎""狄""蛮"均指"未开化的野蛮人"。可见中华思想将自己视为位居世界中心的文化国家。

这种思想源自何处?欲寻找答案,就得理解一个相当重要的文字系列,也就是与"方"有关的汉字。

【方】方 fāng

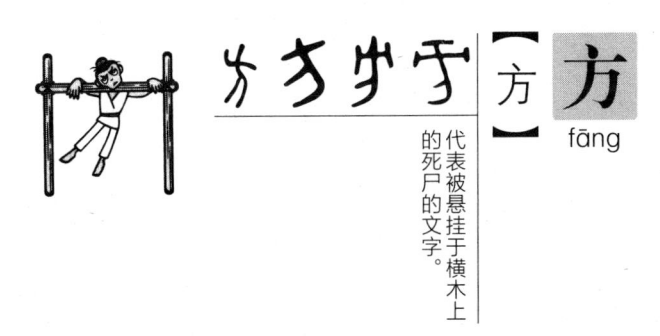

代表被悬挂于横木上的死尸的文字。

汉字里，有许多以现代人的价值观来看，相当残酷且恐怖的文字，"方"字也属于此类恐怖的汉字。

"方"是个代表"悬挂于横木上的死者"（架尸）的字形。

古人为了驱除恶灵，会将死者悬挂在横木上，设置于聚落边界，以为咒禁（驱除恶灵的诅咒）。

故"方"所代表的并不是自然死亡，而是被刻意杀害并悬挂于横木上的咒禁。

甲骨文的卜辞中不时可见到"苦方""虎方"等词语。白川静先生表示，这些都是异族国家的称呼。以"方"称呼不同于己的异族国家，并在己国与异国间的边界上放置悬挂于横木上的死尸，以向异族国家行咒禁。

由于"方"代表在国界上放置死尸，因此衍生出了"外方"（外侧）之意，也由于死尸被放置于国界四方，故得"方角""四方""八方"等字义。此外，由于这属一种施法行为，故又衍生出用来形容手段的"方法"等字义。

【放】 fàng

由"方"与"攵"结合而成的字形。"方"（支）一支（手）意指以"卜"（树枝）"又"（手）持某个对象，故此字形形容的是以树枝殴打悬挂于横木上的死尸。

"方"（架尸）加上"攵"（支），就成为"放"。

由"支"的字形可明显看出，上方的"卜"代表树枝（或鞭子），"又"则代表手。因此"攵"（支）所代表的，是以树枝（或鞭子）殴打某个对象（注1）。

"攵"（支）加上"方"而成的"放"字，代表的是以树枝等殴打悬挂于横木上的死尸。

"放"所指的，是一种为提高尸体所具有的咒禁法力，而以树枝殴打设置于己国与异族国家间的边界上的死尸刺激其灵，以驱除恶灵的仪式。在本书第四章"与【微】有关的汉字"中也曾提及，这种巫术称为"共感巫术"。

在日常生活中频繁使用的"放送""放出"等词中的"放"字，背后其实有着如此惊人的意涵。虽然不该以现今的价值观度量古代社会的仪式，但有些汉字的起源的确教人闻之色变。

由于"放"有驱除恶灵之意，故得"发放、放开、放弃"等字义。此外，还有"放纵""放浪"等"不受拘束"的意涵。

【仿】做 fǎng

"放"与"人"结合而成的字形。"放"意指以殴打悬挂于横木上的死尸以刺激其灵。由于不是以直接攻击敌方,而是以眼前其死尸取代之,其间接性便带有"摹仿"的意涵。

"放"加上"人",便是"摹仿"的"仿"(做)。

形容殴打悬挂于横木上的死尸刺激其灵,以驱除恶灵的"放",并非直接攻击敌方,而是一种借由殴打死尸,以加强对异族的咒禁的共感巫术。

这种间接性的行为有种"摹仿"的意涵,故得"仿行、仿效、仿照"等字义。

(注1)参照《神秘的汉字1》第4页,与"又"有关的说明,以及第10页,与"政"有关的说明。

[邊] 边 biān

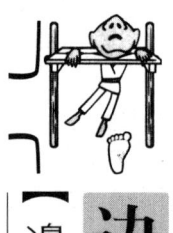

由"臱"与"辶"结合而成。"臱"代表鼻头朝上的死尸。"辶"则代表行进。故此字所形容的是在紧临异族的边境设"臱"施法。

由于此类咒禁多在与异族相邻的边境进行，故"边境"的"边"也是个与针对异族的咒禁有关的文字。

"边"（邊）由"辶"与"臱"结合而成。"臱"上方的"自"，代表"鼻"的正面形状（注2）。

"自"与底端象征悬挂于横木上的死尸的"方"之间的部分，则代表放置物品的底座。

意即，"臱"代表将死尸鼻头朝上置于底座之上，"辶"则代表行进。

古人认为紧邻异族的边境之地恐有异族恶灵盘踞，故将鼻头朝上放置的死尸"臱"设于紧邻异族的要冲以行咒禁（驱除恶灵的仪式）。由此可见，这是个代表首级崇拜的祭枭（首）习俗的字形。

总而言之，守护与异族衔接的边境的巫术仪式，便称作"边"。

防守边境的要塞谓之"边塞"，边塞之外则谓之"塞外"，证明"边"代表的是举行祭枭（首）仪式的塞外之地。

由此衍生出"边沿、旁边、边缘、边疆、边际"等字义。

陸 阞【防】防 fáng

形容于供神明上下于天地之间的阶梯，"阝"前放置死尸"方"以驱除恶灵。

"防"字则是由"阝"与"方"结合而成。

右端的"方"代表为驱除恶灵而将悬挂于横木之上的死尸设于边界的祭枭（首级崇拜）仪式。左端的"阝"（注3）则代表神明往来天地之间所用的阶梯（或梯子）。

在供神明降临的阶梯前设置死尸"方"以驱除恶灵，便谓之"防"，故有"防阻"恶灵、"防守"圣域之意。

原指防守圣域之此字，后来字义又扩大成泛指防守、防卫、防御都城或国界等重要场所。

白川静先生所著的入门字书《常用字解》并未收录此字，但《字统》与《字通》中则有"阝"与"方"之间嵌入一个"土"字的古字"陸"。此字中的"土"代表土主（土地神），也就是"神社"的"社"的原字（注4）。

（注2）参照《神秘的汉字1》第92页，与"枭"有关的说明。
（注3）参照《神秘的汉字1》第16页，与"降"有关的说明。
（注4）参照《神秘的汉字1》第31页，与"社"有关的说明。

妨 fáng

为行咒禁而设置的"方"有"防守"之意,"女"则代表巫女。此字形容以其他法术妨害巫女的法力。

因此,本字应该就是"埊"的古字。由此也可以证明,"防"的确是个代表以死尸法力行咒禁,以防守土主、神社等圣域的文字。

"妨害"等词所用的"妨"也含有"方"。"妨"是个由"女"与代表祭枭(首)的"方"结合而成的文字,其中的"女"便代表侍奉神明的巫女。

因此,这是个形容以其他法术阻隔"方"与巫女的法力,以"妨碍、妨害"其巫术的文字。

【纺】fǎng

纺织时架设毛线，与「方」有相似之处。

【访】fǎng

由于「方」乃形容于边境四方设置死尸，故有「四方」、「八方」之意。「访」字原意为造访各地咨询神明以咨询神意。

"纺织"等词中的"纺"，也是个含有"方"的文字。

为驱除恶灵而在边境立横木"架设"死尸谓之"方"。而"方"加上"纟"便成为"纺"。织布时也必须和"方"一样，将毛线"架设"于上方。由此可见，这是个基于架设死尸与架设毛线的共通点而衍生出的文字，"纺织"的字义亦是由此而来。

"访"字里也有个"方"。本章之初也曾解释，由于形容的是在边境四方设置死尸，故"方"有"四方""八方"之意。

《说文解字》称"泛谋曰访"。可见赴各地咨询神明、神职人员或长老之意便称作"访"。

由于原本有咨询神意的意涵，故衍生出"探访、造访、来访"人的所在之处等的字义。

在日文中，"おとずれ"（译注：日文汉字作"訪れ"）的原意为神明的"音なひ"（指发出声响。译注：此字仅出现在《徒然草》、《源氏物语》等古典文学作品中）。"音なひ"指神明为表明自己降临人世而发出微微声响，故有"到访"之意。

【尋】寻 xún

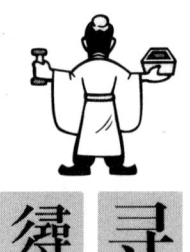

代表左右手掌相合的字形。

"访"字的原意，在中文与日文中的共通点是皆与神明有关。白川静先生常言："日本汉字的日文训读多能正确反映原意"，将"访"读作"おとずれ"，便是个代表性的例子。

《神秘的汉字1》一书中，在第一章"与【手】有关的汉字"里所介绍的"寻"（尋）字，是个代表左右手掌相合的字形。

上方的"彐"加上"口"的部分代表"右手"。此处的"口"所指的并不是"嘴"，而是代表盛装祝告文的容器的"口"（ㅂ）。

此外，中央的"工"为祈神所用的法器，而下方的"寸"则代表"手"（注5）。故"工"加上"寸"的部分，代表的便是以"左"手持法器"工"。

因此"寻"这汉字的字义，便是右手持盛装祝告文的容器"口"（ㅂ），左手持祈神法器"工"，向神明"探寻"其所在何处（欲更进一步了解此字的读者，可参照《神秘的汉字1》内关于此字的详细介绍）。

至于为什么需要手持盛装祝告文的容器与法器"探寻"神明所在何处，因为对古代的中国人而言，神的踪迹也是极难觅得的。

针对"寻"与"访"（译注：日文中两字训读皆可读作"たずねる"），向白川静先生求教时，他总是以"古人祭神时，常边以'于彼乎？于此乎？'询问神明何在，以及该于何处祭神"。忆及此事，白川静先生说着"于彼乎？于此乎？"的神情仿佛跃然眼前。

这句"于彼乎？于此乎？"乃出自五经之一的《礼记》。

（注5）参照《神秘的汉字1》第4页，与"寸"有关的说明。

祊 fǎng

【祊】

"示"代表摆放供品的神桌,亦代表神明。"方"则代表"四方"、"八方"。两者结合,便代表寻找神明所在之处的仪式。

　　白川静先生在《字统》及《字通》中解释"祊"字时,曾引用《礼记》的此一段落:

　　"索祭,祝于祊。不知神之所在,于彼乎?于此乎?或诸远人乎?祭于祊,尚曰求诸远者与?"

　　文中的"索祭",指的是找出神明所在以行祭祀。故寻找神明所在之处的仪式,便称作"祊"。因此,"祊"字的日文训读也读作"まつり"(译注:与"祭"的日文训读同音)。

白川静先生曾表示，在《礼记》文中，也记载了一种四处寻找神明所在之处的仪式，称作"彷徨"。

一如"访"及"祊"，"彷徨"的"彷"中所包含的"方"字也代表前往各处，故衍生出了"彷徨"的字义。

形容地方或区域的"方域"，其中的"方"乃"区划"之意。

接下来，再介绍两个含有代表"区划"的"方"的文字。

首先是"坊"。

将市街以邻里等划分成区划，其中一区划的土地便称作"坊"。"城郭"也是一种区划单位，故"坊郭"便指"市街"，"坊间"便指"市内"。"坊"若有"门"，便称为"坊门"。

寺庙内也以"坊"做划分，一坊之主便称为"坊主"（译注："坊主"只在日文中使用，为"和尚"之意）。

此外，"坊"亦同"防"，有"防范"之意。故"坊民"便是形容"防范民众"。

另一个含有形容区划的"方"的汉字，就是"房"。

【彷】 fǎng páng

"彳"代表十字岔路的左半边，意为行走。加上"方"，便形容"前往各处"。

【坊】 fāng fáng

"方"乃"区划"之意。加上"土"，便代表一个区划的土地。

第十二章　与【方】有关的汉字

143

房【房】房
fáng

「户」指单扇的门,在此形容「房屋」。加上「方」,此字指的就是在建筑物内部区划出的「房间」。

此字由"户"与"方"结合而成。"户"代表单扇的门,在此形容"房屋"。"方"则代表区划。故"房"所指的,就是在建筑物内部区划出的"房间"。以邻里等单位区划出的土地称为"坊",屋内区划出的房间便称作"房"。

日常生活中频繁使用的词里,有许多也有个"房"字。这些"房"字都带有"区划出的房间"的意涵。

代表性的例子就是"冷房"及"暖房"。将房间内的温度变得较房间外暖称作"暖房",变得较房间外冷则称作"冷房"。

"文房具"也是个常用的词。"文房"指读书或写作所用的房间,即书斋,"文房具"则为在这种房间里使用的工具(译注:"文房具"只在日文中使用,即"文具")。

"女房"(译注:"女房"只在日文中使用,即"老婆")原指女官(译注:"女官"在日文中指任职于官中的女性)的房间,或获授单人房的高阶女官。后来字义扩大为形容妇女,最后又被用来形容妻子。

中国招考官职的科举,第一次的乡试称作"房试"。因为每个考生都须在只容单人的房间内应考,故得其名。

[竄] 窜
cuàn

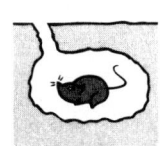

"穴"与"鼠"结合而成的文字，意指如老鼠般钻入洞穴中。

监狱或看守所内仅监禁一人的牢房称为"独房"，也是被区划成仅容得下一人的小房间之意。

日文中若将"房"读作"ふさ"（译注：日文汉字虽写作"房"，但"ふさ"为"串、挂"之意），形容的则是"花房"及"乳房"。

最后，再将焦点移回本章最初曾提及的中华思想。

中国有"四凶放窜"的传说。这是个关于远古中国被誉为贤君的尧、舜的故事。

根据这则传说，尧统一天下，制定国法，并禅让予舜。后来舜巡行四方，驱除了四凶（四个凶神）。

"窜"（竄）是个由"穴"与"鼠"结合而成的文字，意指如老鼠般钻入洞穴中。"放窜"则是指将之驱离至远方边疆。

四凶被"放窜"到的土地，是四方的边境之地，亦是与异族接壤的国界。而为了防守边疆，需要举行巫术仪式。

这种仪式，就是含有代表将尸体悬挂于横木上的"方"的一系列文字的起源。

第十二章 与【方】有关的汉字

145

"古时的中国人,将自己所居住的地区称为中国,认为自己位居世界的中心。亦自称华夏、中华,其中的'华'乃光明、文明之意,四方则皆为黑暗的世界。"白川静先生在《中国古代文化》一书中如此写道。而以"中华"居民自居的人们,又将四方的黑暗世界称为"东夷""西戎""北狄""南蛮"。

不久之后,中国人开始竖立城门,过起都邑生活。每逢除夕举行大傩仪式(驱鬼仪式,乃节分的起源(注6))时,会磔犬剥皮,将犬皮挂于四方城门禳除邪气,谓之"四方磔禳"。

前章(本书第十一章"与【委】有关的汉字")亦曾提及,中国人将"英吉利"(英国)的每个字加上"狗"的略符"口"写作"唢咭唎"。

学到古时曾有将犬皮挂于四方城门禳除邪气的仪式"四方磔禳"之后,便不难理解这传统曾一路绵延,将"英吉利"的每个汉字加上"口"写作"唢咭唎",亦是出于类似的心理。

但换个角度看,或许这也代表以"中央之国、世界中心"自居的中国,对周遭异族的入侵是何其恐惧。

(注6)参照《神秘的汉字1》第110页,与"魃"有关的说明。

川【川】 chuān

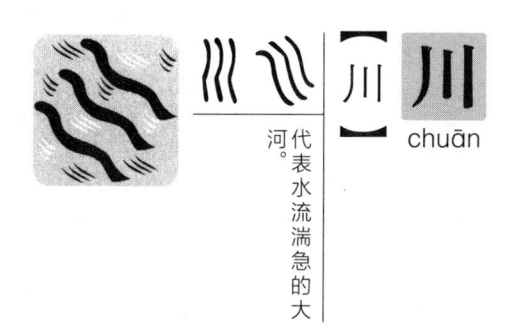

代表水流湍急的大河。

白川静先生名字里的"静"字，在本书第十章"与【力】有关的汉字"中已作过介绍。"静"意为以农具辟邪，以防虫害，并祈求安耕与丰收。

至于白川静先生的"川"，则明显是个形容河川流动的文字。

而且呈三条线流动，代表此字形容的是水流湍急的大河。

第十三章 与【白】有关的汉字

【水】水 shuǐ

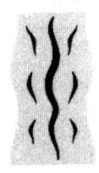

水代表规模较小的流水。

规模较小的流水则写作"水"。此字所形容的,是中央一股大水流,左右各一股小水流。只要将"川"与"水"的古字做一番比较,便能看出两者的不同。

【白】白 bái

代表风化成白骨的头颅。

那么，白川静先生的"白"字，代表的又是什么？

"我名字里的'白'字，代表的是骷髅。"白川静先生常如此解释。

笔者在掀起日本汉字研究热的系列讲座"文字讲话"中，也曾当面听过白川静先生说这番话。犹记在说到"白代表骷髅"时，白川静先生脸上泛起一丝喜悦，看来似乎特别喜欢讲解"白"字。

本章将介绍的，就是含有代表骷髅的"白"的一系列文字。

从"白"的古字可以看出，白川静先生所言果然不假，的确是个饱经风吹日晒化为白骨的头颅。由于这头颅已化为白骨，故衍生出了"白色"的字义。

在远古时期的中国，伟大的领导者或强敌的首级，会被风化成骷髅加以保存。可见古人认为，骷髅具有法力。

伯
bó
bǎi

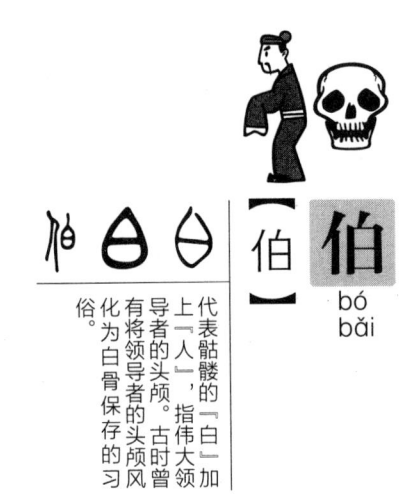

代表骷髅的「白」加上「人」，指伟大领导者的头颅。古时曾有将领导者的头颅俗化为白骨保存的习风。

　　汉字中含有"白"字的文字出乎意料的多。在知道"白代表骷髅"的解释后，再检视一系列相关汉字，想必现代的读者都要为汉字的恐怖起源感到不寒而栗吧。

　　那么在古代的中国，骷髅都有些什么用途？接下来就为大家介绍一连串与"白"有关的汉字。

　　首先是"伯"。

　　"伯"的甲骨文（ ）、金文（ ）与"白"皆为同字，乃饱经风吹日晒化为白骨的头颅。篆文字形（ ）则多了一个"人"，可见古人认为伟大领导者的头颅具有法力，故称此类领导人作"伯"。因此"伯"有"首领、兄长"之意。

　　接下来是"魂魄"的"魄"。此字中的"白"亦是代表风化成白骨的头颅。失去精气、化为白骨者，谓之"魄"。故"落魄"形容的是失去精气、潦倒的人。

【鬼】鬼 guǐ

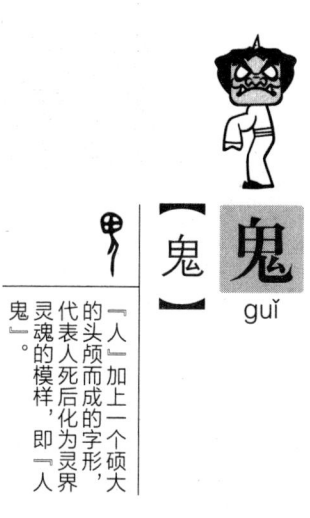

"人"加上一个硕大的头颅而成的字形，代表人死后化为灵魂的模样，即"人界灵魂的模样"，鬼。

"魂气归天，形魄归地"，此语出自儒教五大经典之一的《礼记》。可见古时的中国人认为，人在世时合而为一的"魂"与"魄"，在人死后便会分离，"魂"将升天，"魄"则归地。

为何"魂"会升天，"魄"会归地呢？

在解释此说之前，必须先针对"魂魄"两字中均有的"鬼"字略作说明。

"鬼"的古字为模拟鬼魂之形的象形文字。由"人"的古字"𠂉"（注1）加上一个硕大的头颅而成。

古人认为人死后将成为"人鬼"。古字中硕大的头颅，代表此人与在世者有所不同。白川静先生推论"鬼"原本形容的，可能是死尸风化成枯骨的模样。此外，其甲骨文与金文的"鬼"字中并没有"厶"，可见是后来才加上去的。

（注1）参照《神秘的汉字1》第19页，与"人"有关的说明。

祘 禩 【神】神
shén

代表曲折闪电的"申"与代表神桌的"示"结合而成的字形。

人死后化为的"人鬼"，乃是应前往灵界的灵魂。人死后的灵魂称为"人鬼"，自然神则谓之"神"。这个"神"字，乃是将闪耀的雷电文字化而成的字形（注2）。

代表死灵的"鬼"与代表自然神的"神"谓之"鬼神"。这个词乃死者灵魂与天地神灵的合称，既可能代表拥有超人能力的超自然存在，也可能代表妖物。

（注2）参照《神秘的汉字1》第35页，与"神"有关的说明。

【魂】魂魂 hún

「鬼」代表的是「灵魂」，「云」代表云状物体。古人认为，人死后，「灵魂」将化为云气，飘入灵界。

【魄】魄魄 pò

「白」代表骷髅，也就是人死后遗留在人间的骨骸。

至于"魂魄"的"魂"，则是由"鬼"与"云"结合而成的字形。"云"在《神秘的汉字1》第38页与"云"有关的说明中也曾提及，乃是"云"的原字，代表的是"云气"，或"云状的物体"。

如前文所述，"人鬼"乃人死去后前往灵界的灵魂，故"鬼"即等同于"灵魂"。古人认为，人死后，灵魂将化为轻飘飘的云气，飘入灵界，故有"魂气归天"的说法。

相对的，"魂魄"的"魄"则代表死后留在人间的遗骨。

"魄"由"鬼"与"白"结合而成。"白"代表化为白骨的骷髅，也就是人死后遗留在人间的骨骸，故曰"形魄归地"。

敀
pò

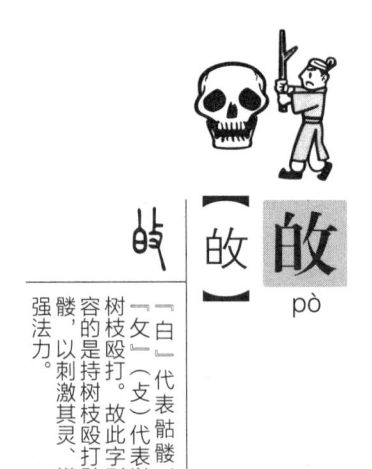

【敀】

"白"代表骷髅，"攵"（攴）代表以树枝殴打。故此字形容的是持树枝殴打骷髅，以刺激其灵、增强法力。

接下来再谈谈"敀"字。

这个字本身并不常见，但在此希望能透过"敀"字，让大家理解古代中国的巫术仪式"祭枭"。在本书第十二章"与【方】有关的汉字"中，曾稍稍提及祭枭，在此将做更进一步的说明。

"敀"字由"白"与"攵"（攴）结合而成。"白"代表骷髅，至于"攵"（攴），本书中已数度提及，代表的是以树枝殴打。

可见"敀"所代表的，是以树枝殴打骷髅。这种法术就是祭枭（首级崇拜），借由殴打化为枯骨的头颅刺激其灵，以增强巫术法力。

因此"敀"有"殴打、逼迫、侵犯"等字义。由于形容以树枝殴之，强逼骷髅施展法力，故与"逼迫"的"迫"同义。

迫 pò

"白"代表殴打骷髅的行为,亦有逼近殴打之意。"白"加上代表行于道上的"辶",便代表"迫"。

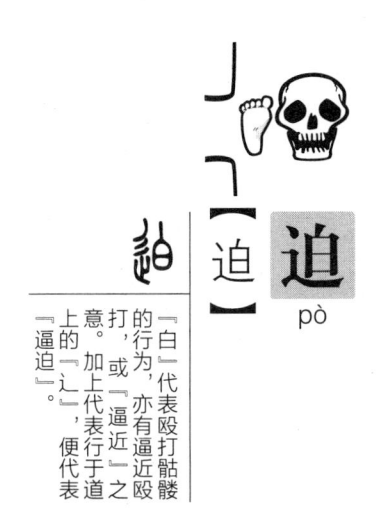

　　顺带简单说明一下"迫"字。一如形容殴打骷髅的"啟",其中的"白"亦有逼近殴打之意。"肉迫"(译注:只在日文中使用,亦写作"肉薄",为肉搏、逼迫之意)、"紧迫"等词,均反映出其逼近的字义。"白"加上代表行于道上的"辶",便成为"迫"。

　　总之,由前文的说明也可看出,"白"代表骷髅,"伯"代表伟大领导者的头颅,"啟"则代表以树枝殴打骷髅。看完这些文字的相关解释,或许大家会认为这些远古社会的巫术仪式与今日无关,但在大家如今仍频繁使用的汉字中,许多仍含有形容这些行为的要素。

　　前文已提及"啟"形容"借殴打骷髅,刺激其灵",现在就来检视"刺激"中的"激"字。

　　"激"字是"啟"加上"氵",再于"啟"的"白"下头添上一个"方"而成的字形。

　　换个角度来看,也可说是在"放"字的"方"上头冠上"白",再加上一个"氵",便成了"激"。

敫【敫】jiǎo

「放」与「白」结合而成的字形。是个形容以树枝殴打仍有头颅相连的死尸的文字。代表借由殴打悬挂于横木上的死尸头颅，以驱除恶灵的仪式。

在介绍"激"之前，应先针对"激"去除"氵"而成的字形"敫"略作说明。

"敫"是由"白"与"放"结合而成的文字。

前章（本书第十二章"与【方】有关的汉字"）亦曾言及，"放"是形容悬挂于横木上的死者（架尸）的"方"，与形容以树枝等殴打的"攵"（支）结合而成的字形，代表的是一种以树枝殴打悬挂于木上的死尸，以刺激其灵、增强其法力，借此驱散异族对自己施加的恶灵威胁的仪式。

"放"与"白"结合而成的"敫"，则是个形容以树枝殴打仍有头颅相连的死尸的文字。形容的是借由殴打悬挂于横木上的死尸的头颅，以驱除恶灵的仪式。

故此字衍生出"寻求"的字义。借由殴打死者的头颅，刺激其灵，以寻求法力的强化，便谓之"敫"。

"敫"加上不同的部首，便成了一系列的相关文字。在说明加上"氵"而成的"激"之前，先介绍几个"激"以外的相关文字，或许较有助于理解。

[徼] 徼
jiǎo
jiào
yāo

激

左端的"彳"代表道路。右端的"攵"（支）代表以树枝殴打，中央的"冎"（冠上"白"则代表仍有头颅相连的死尸。此字指一种借由在道路上殴打仍有头颅相连的死尸，增强巫术法力，以打败敌方的仪式。

首先是"敫"加上"彳"而成的"徼"。在本书第十二章"与【方】有关的汉字"的说明中，也曾介绍过"方""边"等，代表在与异族接壤的边疆设置死尸，以向异族施法的文字。这种仪式多是在与外界接壤的边界上的"边徼"举行的。

"边徼"意为位于国界上的要塞。在这种地方针对与自己不同的异族举行的巫术、祭枭仪式（首级崇拜）便称作"徼"。因此"徼"这个字既有"要塞"之意，又代表向神灵求助的行为，故衍生出"求助"之意。

此外，左为"彳"，右为"攵"，中间又是个"冎"的"徼"，是个和本书第四章"与【微】有关的汉字"中提及的"微""征"结构相同的汉字。意即"微""征""徼"均是形容边走在离开自己所属聚落的道路（彳）上，边以树枝殴打某个对象的文字。

"微"形容在道路上殴打头戴发饰的巫女，"征"形容在道路上殴打长发的长老，"徼"则形容在道路上殴打仍有头颅相连的死尸。三字均反映以树枝殴打刺激对象，以增强其法力，借此破除敌方施加于自己身上的巫术的共感巫术仪式。

邀
yāo

"敫"与代表行于道路上的"辶"结合而成。道路上的文字。"辶"指"在道路上殴打化为白骨但仍有头颅相连的死尸",以驱除恶灵的仪式。

之所以在道路上进行，乃是因为古人认为在离开自己所属聚落的道路上进行共感巫术仪式，能更快速地将巫术的法力传抵敌方。

除此之外，还有其他文字用来形容在道路上殴打化为白骨但仍有头颅相连的架尸，以驱除恶灵的仪式"敫"。

"邀"就是其中一例。此字的部首"辶"代表"在道路上行走"（注3）。

这是个形容在恶灵潜伏之地"邀"其前来并殴打它的文字。联结己族聚落与外族聚落的"道"位于聚落之外，被视为有多数恶灵潜伏的凶险之地（注4）。

在这种凶险的"道"上召唤恶灵，借此向敌方施加诅咒，便谓之"邀"。以现代人的价值观来看，应该会认为还真是一种复杂的巫术。

面对敌人展开攻击称作"迎击"，但亦可说成"邀击"。这个词诚实地反映出了"邀"的字义。

"邀击"形容的便是"邀"敌前来并攻击之。日文音读作"ヨウ、キョウ"，日文训读则作"むかえる、もとめる、あう"等（译注：依序为迎接、要求、会合之意）。

【窾】【竅】窍
qiào

由"穴"与"敫"形结合而成的文字。形容悬挂于横木上殴打的死尸白骨化为满是"洞孔"的空隙。

人体的九个孔称作"九窍",人脸上的七个孔则称作"七窍"。两个词中的"窍"字也有个"敫"。

"窍"（窾）是由"穴"与"敫"结合而成的汉字。将死尸悬于横木上殴打,以激发其法力称为"敫",这死尸一旦失去皮肉、白骨化,便为满是洞孔的白骨。而"窍"就是个形容"空隙"的字形。

自此,又衍生出形容洞穴的"窍穴",及形容贯通的"窍窕"等字义。

除了指人或动物身上的孔穴,天然的洞穴也谓之"窍",如"窍凿"。至于诸如"诀窍""窍门"等较为抽象的词,形容的均是"秘诀"。"窍会"则为"机会"之意。

关于"窍"这个字,白川静先生在《字统》中写道:"窍,原指头颅的空隙。"由上述例子中可以看出,"窍"虽有诸多字义,但原义是头颅化为白骨后露出的空隙。

（注3）参照《神秘的汉字1》第14页,与"辶"有关的说明。
（注4）参照《神秘的汉字1》第50页,与"道"有关的说明。

【檄】

檄 xí

"木"代表木简,"敫"则代表殴打化为白骨的头颅。形容如殴打化为白骨的头颅一样,于木简上撰文以激化法力。

"檄文"的"檄"也是个含有"敫"的文字。

"敫"形容殴打化为白骨的头颅,是一种借殴打刺激其灵,以施展巫术的仪式。将此字义扩展到文章上,便谓之"檄"。左端的"木"字旁,代表的是用来书写文字的木简。

意即,不是以殴打化为白骨的头颅激化其灵,而是以撰文激化法力的仪式,便称作"檄"。

【激】
jī

"敿"代表殴打尚有头颅相连的白骨仪式,故"敿"以刺激其灵,借由刺激将这字义加以"激化"的意涵。"激"的字义扩大到形容"水"上的"激",便代表水势激烈的水流。

现在,终于要轮到含有"敿"的文字中,第一个提及的"激"了。

前文已数度提及,"敿"是一种殴打尚有头颅相连的白骨的仪式,目的是刺激其灵,以向他人施咒。因此"敿"带有借由刺激加以"激化"的意涵。将这字义扩大到形容"水"上的"激",便代表水势激烈的水流。

后来,"激"的字义又扩大成泛指一切的"激烈"。

而介绍与"白"有关的汉字的本章中所列举的文字,也几乎都与古代中国的巫术仪式"祭枭"(首级崇拜)有关。

如前文所述,白川静先生的名字里的"白"指的是骷髅,而许多含有"白"的文字,也均是与殴打骷髅的巫术仪式有关的汉字。

知道与"白"有关的诸多汉字的字义后,想必大家会认为这种将死尸放置于紧邻外界的边境上的仪式,是仅发生在数千年前的远古社会的野蛮行为。但其实直到较晚时代，都还有此类仪式存在。

猎人头的习俗，在东南亚沿岸及诸岛也是个广为流传的习俗，其中尤以台湾原住民的出草最为有名。即使在进入二十世纪后，台湾原住民之间仍有猎取语言、文化与自己迥异的外人的习俗。光是从日本的明治时期到昭和初期，在台湾便有数千人成为这种猎人头习俗的牺牲者。出草者在猎取首级后，会将之集中于村内的骷髅棚内。

白川静先生在《汉字的世界》一书中写道，这的确是一种"骇人的蛮俗"，但"今人虽视其为蛮俗，但这类仪式在往昔大多也曾是基于正当理由而存在的严肃仪式，在现今的文明民族古时的习俗中，也常可发现类似仪式的踪影"。

不仅在台湾，如前文所述，此类于聚落边境或与异族接壤的边疆要地设骷髅棚施咒的习俗，在东南亚沿岸及诸岛也颇为常见。许多汉字均反映出这种首级崇拜（祭枭）的习俗，例如含有县、敫、边等字形的汉字，就是与祭枭习俗有关的文字。由此可见，古代的中国人深信"首"具有强大的法力，因此常被用在为边境驱邪，或为恶灵潜藏的道路辟邪的仪式中。

【道】道 dào

衒 逌 【道】

形容人手持首级，行于道上的字形。前往异地时，须砍下异族人的首级，以首级下的法力驱除潜伏于路面的恶灵。

"道"字为何有个"首"？乃是因为"道路乃恶灵潜伏之危险场所，故须斩异族人之首，借其法力驱除潜伏道中之恶灵，方可前行"。这是白川静先生的汉字学中最有名的解说（注5）。

果真是如此？想必许多人不禁要"搔首"纳闷。但若仍有质疑，只要读过介绍与"白"有关的汉字的本章，和与"方"有关的汉字的前章（本书第十二章），这解释或许就不再显得那么唐突了。

可见古代的中国社会对"首"的强大法力，是如何的深信不疑。

（注5）参照《神秘的汉字1》第50页，与"道"有关的说明。

第十四章 与〖非〗有关的汉字

殴打长老或巫女，将死尸悬挂于横木上，乃至敲打骷髅……先前介绍了这么多原意骇人的例子，现在该介绍一些让人较不神经紧绷的汉字了。

首先，先就汉字构造上的六种形式"六书"做一番简单介绍。

六书分别是"象形""指事""会意""形声""转注"以及"假借"。

"象形"指的就是象形文字，即画出其所指的文字。"指事"为象征"上""下""一""二"等抽象概念的符号文字。"会意"则为结合不同汉字以形容不同字义的文字。

"形声"亦是以结合不同汉字造出来的新字，但一方须是发音符号（声符），另一方则是示意符号（义符）。"转注"则是将既有汉字转用来形容相近字义的文字。"假借"则指在找不到适当的汉字形容某种字义时，取同音不同义的字代之的文字。

六书中，前三者的"象形""指事""会意"通常被视为表意文字，后三者的"形声""转注""假借"则被视为表音文字。

至于每个汉字是否都能被明确归类为六书中的一种，其实也不尽然。许慎的分类与白川静先生的分类常有出入，现代汉字的文字学著作与白川静先生的分类也屡有不同。

此外，"转注"更是自古便无定说。白川静先生在《汉字百话》中也曾提到，有些著作甚至列举出数十种"转注"的不同解释。

【非】 fēi

代表左右有细齿并列的发梳的字形。

在介绍"非"的相关文字之前,需要先就六书中的"假借"略作说明。

"非"的古字,是个左右有细齿并列的发梳。古时的中国称梳子作"非余"。

但到了现代,"非"已不再被用来形容梳子,而是用来形容"不"或"不是"等否定的意涵。原本指发梳的"非",被转用来表示与梳子截然不同的字义,这便是六书中的"假借"。当然,古时的中国人也将"非"当作否定意涵的字使用。

【不】bù

代表花的萼柎（花萼与花蒂）的象形文字。

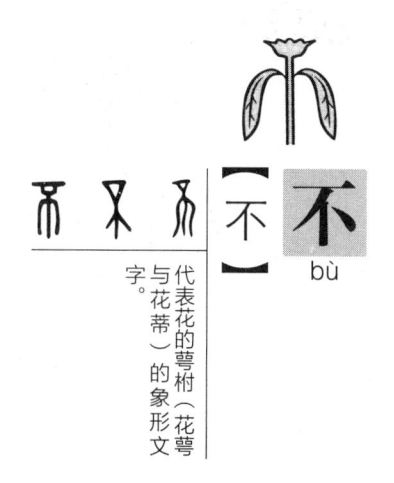

"不"是个同样用于否定的文字，这也是个"假借"的例子。"不"是个代表萼柎（花萼与花蒂）的象形文字。知道这源起之后，再看看古字字形，想必大家就能恍然大悟了。

不过在现代，几乎已不再以此字形容"花房"或"花蒂"。

像这种屏除一个汉字原本的字义（例如代表"萼柎"的"不"），赋予其截然不同的新义（例如代表"否定"的"不"）的用法，就是"假借"。

白川静先生表示，"不"打从甲骨文时代就被当作否定词使用，但比起"不"，"非"的语气似乎来得更重一些。在《字通》里，白川静先生也举了"非法"（违法）、"非命"（天命的反义词）几个例子，说明"非"代表的是更重大的反义。

扉 [扉] 扉
fēi

由"户"与"非"结合而成的字形。"户"指单扇的门,"非"则形容如梳子的细齿般左右对称、左右并排,故"扉"所指的,是以"枢"开闭的门。

接下来,将列举几个含有"非"的汉字。

但在开始之前必须言明,只要谨记"非"虽是个假借字,但原本也是梳子的象形文字,这一系列文字就会变得易于理解了。

因为许多含有"非"的文字,大都带有如梳子的形状般左右对称的意涵。

首先是"扉"。

这是个由"户"与"非"结合而成的字形。"非"代表梳子,或形容如梳子的细齿般左右对称、左右并排;"户"则指单扇的门,故为"门扉"之意。

【枢】枢
shū

右端的"区"（區）指收纳多数盛装祝告文的容器"口"（ᄇ）的隐秘场所，这是个重要且隐秘的场所，重要的祈祷多在此处进行。其入口门扉的转轴便称作"枢"。

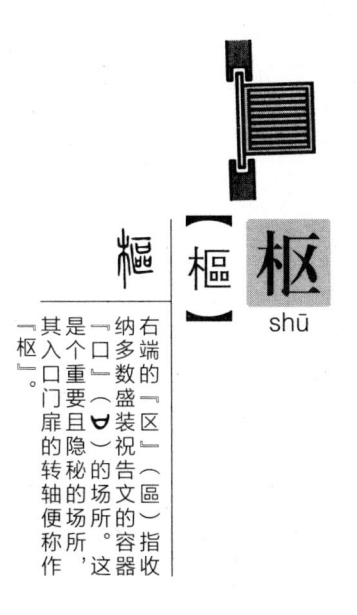

"扉"指的是以"枢"开闭的门。"枢"形容的是将扉两端上下的突起插入孔中，以供开闭的装置。此字由"木"与"区"结合而成，"区"（區）指收纳多数盛装祝告文的容器"口"（ᄇ）的隐秘场所，重要的祈祷多在此处进行。其入口门扉的转轴便称作"枢"。

枢轴国（译注：日文的"枢轴国"即中文的"轴心国"）等词中的"枢轴"的"枢"，指的便是重要祈祷仪式进行之处的门扉所用的门枢，"轴"则为插入车轮轴的孔穴（注1）。故"枢轴"所代表的，就是操驾的中心。

（注1）参照本书第53页，与"轴"有关的说明。

【排】pái

指推挤和自己相对的对手。

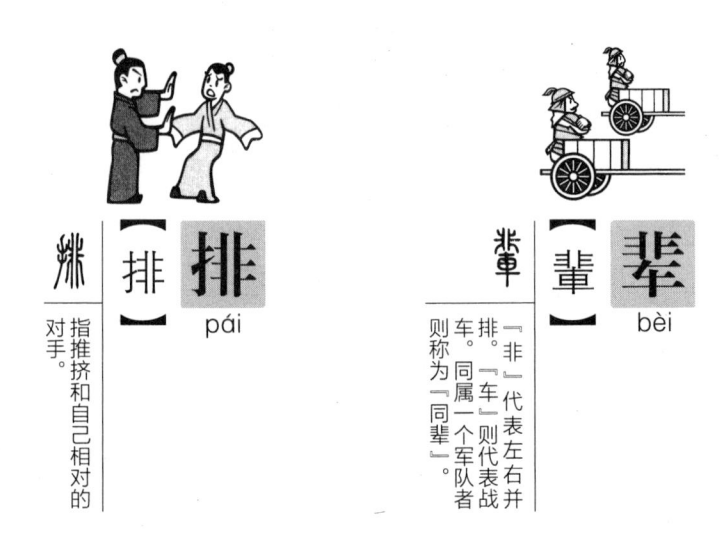

【辈】bèi

"非"代表左右并排。"车"则代表战车。同属一个军队者则称为"同辈"。

接下来是"排"字。

象征梳子形状的"非",同时也有"并排"的意涵。"扌"在本字中为"推"之意。故"排"所形容的,是推挤和自己相对的对手。

例如"排斥",指的便是两人相争时,其中一方推开另外一方。

如今也常用的"前辈""晚辈"等词中的"辈"字,是个由"非"与"车"结合而成的汉字。

"非"是梳子的象形字,亦有左右并排之意。"车"则是用于战争的"战车"。由"百车一将"这句话可以看出,古时中国似乎曾以"百车一辈"作为战斗组织的单位。

同属一个军队、集团或组织者,称为"同辈"。其中的成员可能互为"前辈""晚辈"。若一个集团里出现许多人才,便称作"辈出"。

俳 pái

形容并排的「非」加上「人」，原指两个人并排演戏。以滑稽动作演出者，便谓之「俳」，即喜剧演员。

在含有"非"的汉字中，有个一旦了解其原意，便将永生难忘的例子，那就是"俳优"、"俳句"等词中的"俳"。不，或许该说是了解白川静先生的分析后，对"俳优"这个词的原意，将难以忘记。

现在就来谈谈"俳"这个字。

显而易见的，"俳"是由"人"与"非"结合而成的文字。本着一贯的逻辑思考，便不难理解，此字形容的是"并排的人"。

"俳"原指两个人并排演戏，自此又衍生出"开玩笑"或"杂耍"等字义。以滑稽动作演出的演员，便谓之"俳"。

優【优】 yōu

"忧"指着丧服、一脸愁容者。加上一个"人"，便代表扮演悲伤服丧者、代替死者家属向神明行哀礼的演员。故亦指悲剧演员。

至于"俳优"的"优"，原意同"忧愁"的"忧"。意即，"优"原指演出悲剧的演员。喜剧演员谓之"俳"，悲剧演员谓之"优"，两者合称"俳优"。如今大家常说某位演员是个"喜剧俳优"，或者"擅长演出悲剧的俳优"，"俳优"两字里本就蕴含了这些字义。

此外还有"俳谐"这个词。"俳谐"原指"滑稽、胡闹"，但在日本则专指以滑稽内容为主的俳谐连歌（译注：俳谐及连歌为两种日本诗歌的形式。连歌源于十五世纪，内容多以古典故事为本，格调高雅，后来逐渐为俳谐所取代。俳谐是一种幽默诗，将连歌讽刺化，掺入庸俗而时髦的笑话，且常利用谐音营造幽默效果，多采与日常生活相关的题材，也是"俳句"的起源）。而将俳谐连歌的发句（第一句）独立出来，便是"俳句"。

接下来，再介绍几个与"非"有关的汉字。

本章之初也曾提及，"非"是个"假借"字，由"是非"或"非法"（违法）等词也能看出，此字带有"否定"的意涵。

【誹】诽 fěi

「非」有强烈否定的意涵。加上「言」，便代表「诽谤」。

【悲】悲 bēi

「非」代表「否定或不安定的心境」。加上「心」，便代表动摇的情绪。

从强烈的"否定"又衍生出"非难"的字义。而体现这个字义的文字就是"诽"。

记载西汉历史的《汉书》将"诽谤"写作"非谤"，看得出"诽"与"非"在当时似乎被视为同义字。

从"诽"这代表贬损的例子可以看出，带否定意涵的"非"的另一个特征，就是有众多形容"否定或不安定的心境"的相关字。

例如前文曾提及的"悲剧"等词中的"悲"字，就是一例。

这也是个形容"悲痛感情"的文字，同样代表"否定或不安定的心境"。

悱 fěi

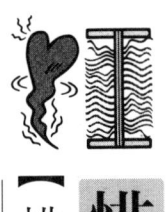

「非」与「忄」字部结合而成的字形。字义为「苦恼」，同样是形容「否定或不安定的心境」。

除了由"非"与"心"结合而成的"悲"，还有个由"忄"与"非"结合而成的"悱"。就要素来看，两者均是由"非"与"心"组成的字形，故"悲"与"悱"其实是属于同一体系的文字。"悱"的字义是"苦恼"，同样是形容"否定或不安定的心境"。故白川静先生将"诽""悲"与"悱"，归类为同一体系。

【罪】皋 罪
zuì

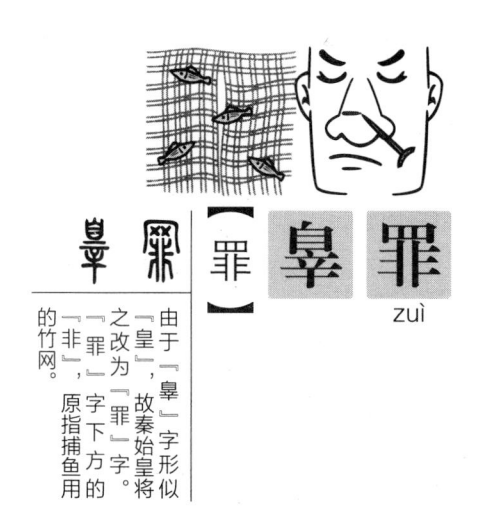

由于"皋"字形似"皇",故秦始皇将之改为"罪"字。"罪"字下方的"非",原指捕鱼用的竹网。

还有一个与"非"有关,而且背后有个有趣故事的常用字,那就是"罪"。

此字由横向的"目"与"非"结合而成,原字写作"皋"。

读过《神秘的汉字1》的读者,或许不难解读出"皋"的原意。

"自"所代表的,是鼻子正面的形状(注2)。

"辛"则是纹身所使用的针(注3)。

意即,"皋"是个代表在鼻(自)上文身(辛)的墨刑的文字。由此又衍生出"罪行"的字义。

许慎所著的《说文解字》有言:"秦以皋似皇字,改为罪。"秦始皇见"皋"字与"皇"字相似,故将之改为"罪"字。第一个以"皇帝"自称的秦始皇,看到字形与"皇"相近的"皋"竟然代表"罪人",当然无法容忍。

(注2)参照《神秘的汉字1》第92页,与"臭"有关的说明。
(注3)参照《神秘的汉字1》第58页,与"辛"有关的说明。

但白川静先生表示，代表"罪行"的"罪"字在秦代以前的文书中也频频出现，反而是到了秦代以后的汉代，才出现了同时将"罪行"写成"辠"与"罪"的碑文。

关于秦始皇与汉字的传说为数众多。但白川静先生推测，若就《说文解字》关于"罪"与"辠"的说明来解释，似乎是两字原本均指"罪行"，直到秦始皇在大约二千二百年前统一文字时，才将之统一成了"罪"字。

至于"罪"字下方的"非"，其实原本代表的并不是梳子，而是捕鱼用的竹网。由于"罪"与"辠"同音，因此"罪"才被用来取代"辠"，用以形容"罪行"。篆文的"罪"为"罪"的古字，"辠"则为"辠"的古字。

【早】zǎo

指匙子用来挖取东西的部分。

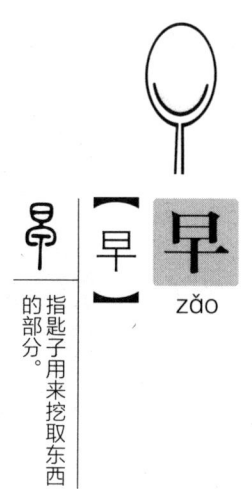

接下来，要介绍一个并不属于与"非"有关的汉字，但符合本章开头所介绍的六书中的"假借"原则的有趣例子。

那就是形容评断对错的"是非"中的"是"字。"是"加上"匕"便成为"匙"，而这些字的原字便是"早"。

将三字依笔画由简至繁排列，依序为"早""是""匙"。其实这三个字，均是代表"匙子、汤匙"。

"早"很可能代表匙子的勺，加上柄便成为"是"。"是"字下方的"止"，便是代表"握柄"。

白川静先生认为，由于匙子用来挖取东西的部分称为"早"，故"早"与"蚤"曾被视为同义字使用。白川静先生在《字统》中，便列举了诸如《孟子》中的"蚤起"等，将"早"（形容"清早"）写作"蚤"的例子。

【是】 shì

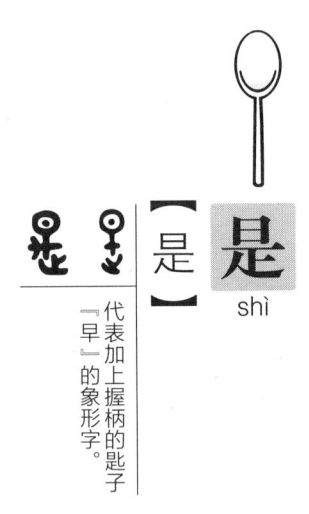

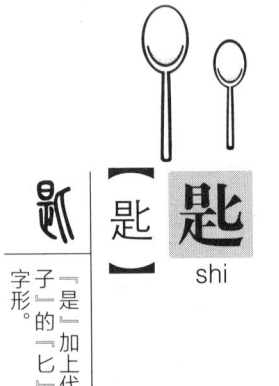

代表加上握柄的匙子「早」的象形字。

【匙】shi

「是」加上代表「匙子」的「匕」而成的字形。

不过，并没有任何将此字原指的"匙"写作"早"的例子。"早"字与"清早"原本毫无关系，不过是假借其读音，而取其替代"蚤"（清早）。

至于"是"字，白川静先生则将之归类为六书中的"象形"。因为"是"乃是形容加上握柄的匙子"早"的象形字。

许慎在《说文解字》中写道："十目烛隐则曰直。以日为正则曰是。"但由其金文字形（ ）看来，此字原非"日"加上"正"，而是较接近"早"加上"止"，下方的"止"代表匙子的握柄。故白川静先生推论，"是"应为"匙"的象形字。

后来此字频频被假借为"是非"中的"是"，用来形容"正确、适当、这个"，因此便加上一个代表"匙子"的"匕"，造出了"匙"，以示区别。

【匕】bǐ

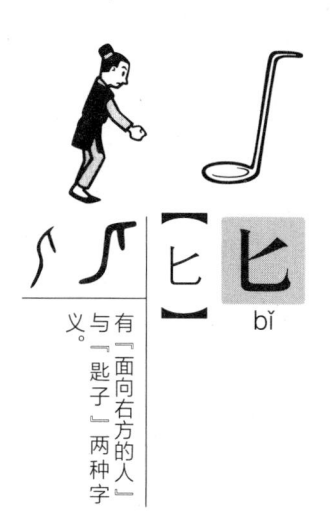

有「面向右方的人」与「匙子」两种字义。

在《神秘的汉字1》里第三章"与【人】有关的汉字"中，曾提及"匕"代表"面向右方的人"，在此针对这点略作补充，"匕"同时也是"匙子"的象形字。因此，"匕"是个由原本相异的两个象形字演变成同一字形的例子。

对笔者而言，清早早起，迅速准备出门，自幼便是件苦差事。家母和老师常催促我"早く！"（译注："快点"之意）。这句"早く！"原本指的竟然是匙子！

学到这文字解说时，笔者心中满是难忘的惊讶与感叹。但不出多久，又情不自禁地莞尔一笑。

第十四章 与【非】有关的汉字

第十五章 与【甬】有关的汉字

用 yòng

【用】代表以竹子或木材组成的物体，例如以木头围成的栅栏，或以竹子或木材编成的桶状笼子。

"甬"是一种桶状的容器。

知道这点后，这一连串与"甬"有关的汉字，便显得一目了然，变得相当容易理解。

"甬"是从"用"衍生而来的文字，是个由"用"与"マ"结合而成的字形。

在此先针对"用"字做一番简单的说明。

"用"代表的是以竹子或木材组成的物体，例如以木头围成的栅栏，或以竹子或木材编成的桶状笼子。

【甬】yǒng

"用"代表木造的桶状物体，"マ"则为桶上的提环。"甬"为"桶"的原字。

【桶】tǒng

木造的桶状物体。即手提的桶子。

　　"甬"字下方的"用"，代表木造的桶状物体，"マ"则是桶上的提环。古字与今字颇为类似，可见这就是"桶"的原字。

　　"桶"由"木"与"甬"结合而成，意为木造的桶状物体，也就是手提的桶子。

　　日文音读作"トウ、ヨウ、ツウ"，其中尤以"トウ"造的词"汤桶"（译注：日文读作"ゆとう"。"ゆ"为"汤"的训读，"とう"为"桶"的音读）的读音最为特别。这是个上训下音（译注：意指前字为训读，后字为音读的组合。此类读音的词汇，在日文中较为少见）的奇特读法，其他也有下训上音的读法，最有名的例子就是"重箱"（译注：日文读作"じゅうばこ"。"じゅう"为"重"的音读，"はこ"为"箱"的训读）。

　　由于"甬"的原字为"用"，故"甬"也可读作"ヨウ"（译注：与"用"的日文音读同音）。而由于"桶"的原字为"甬"，故"甬"也可读作"トウ"（译注：与"桶"的日文音读同音）。

第十五章　与【甬】有关的汉字

181

【通】通
tōng

"甬"代表上有提环的桶状容器,"辶"则代表"行走"。"甬"与"辶"结合,由于桶状的容器是中空的,人或物能毫无阻碍地从中通过,故得此字之义。

此外,"通"与"痛"字中都有个"甬",故"通"也可被读作"ツウ"(译注:与"甬"的日文音读之一同音)。

现在,就先从"通"与"痛"两个字开始谈起。

首先是"通"。这个字由"甬"与"辶"结合而成。"甬"代表上有提环的桶状容器,"辶"则代表"行走"(注1)。

由于桶状的容器是中空的,人或物能毫无阻碍地从中通过,因此"通"便有了"通过、畅通、通行、通用、通勤、流通"等字义。

此外,"通年"指经过一整年,"通史"指由古至今的历史,"通读"指从头读到尾。这些词里的"通",都带有"畅通无阻"的意涵。

而"通行"这个词除了形容通过,亦指在世间散布流通。

(注1)参照《神秘的汉字1》第14页,与"辶"有关的说明。

【痛】痛 tòng

本字中的「甬」代表桶状的空心物体，「疒」则代表卧病在床的人。形容剧烈的疼痛贯通全身。

【樋】樋 tōng

由「木」与「通」结合而成的文字。指供水流通的空心竹管「筧」。

接下来是"痛"。

此字中的"甬"同样代表桶状的空心物体。"疒"则代表卧病在床的人。因此"痛"所形容的，是剧烈的疼痛贯通全身，有"疼痛、痛楚、痛苦"等字义，并造出了"剧痛""苦痛"等词。

前文已以"通行"为例解释过，"通"代表从空心部分通过，有"通行、流通"等字义。"痛"字出于形容剧痛穿过全身的原意，也有"极端、彻底"的意涵。

以这字义造出来的词，就是"痛饮""痛快""痛恨""痛切"等词。

"樋"是个由"木"与"通"结合而成的文字，其中也有个"甬"。

日文中，此字通常被用来形容"筧"（译注：原文作"かけひ"，汉字写作"筧"，指装设于地面上的导水竹管，亦称"埋み樋"）。由于竹管是空心的，能供水流通，故这也是个源自"甬"的文字。白川静先生在《字统》中提到，"樋"虽是传自中国的汉字，但在中文里找不到具体的使用范例，故几乎可视同日本专属的汉字。

踊 踴 【踴】 踊

yǒng

"甬"代表在空心的桶状物体中上下移动。加上"足",便成"跳跃"之意。

"甬"虽然代表空心的桶状物体,但同时也带有在这空心部分上下移动,或由下往上迅速上升的意涵。

源自这种意涵的例子就是"踊"和"涌"。

"踊"字中的"甬"即代表在空心的桶状物体中上下移动。加上"足"而成的"踊",《说文解字》将之解释为"跳也",有"跳舞、跳跃"等字义。

"踊踊"形容"跳跃","踊跃"则形容"欢喜至极"。此外,"踊"也可写作"踴"。

【涌】湧 涌
yǒng

右端的"甬"同样指桶状容器般的空间。形容水在其中由下往上涌。

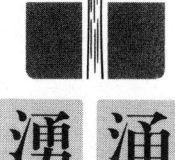

【蛹】蛹
yǒng

指化为桶状的虫。

接下来是"氵"与"甬"结合而成的"涌"。"甬"代表水在桶状容器中由下往上涌，故有"涌现、涌流"之意。

一如"踊"可写作"踴"，"涌"字也可写作"湧"。

还有其他含有代表桶状物体的"甬"的例子，例如"蛹"。

由"虫"与"甬"结合而成的此字，应该无须多做说明，指的是化为桶状的虫，即"虫蛹"。

第十五章 与【甬】有关的汉字

185

俑 yǒng

〖俑〗

右端的"甬"同样指桶状容器。"人"加上"甬",便代表陶制的桶状人偶。

另外一个例子是"俑"。

1974年,在秦始皇陵外城东边一座巨大的土坑中,发掘出约八千尊士兵、五百头军马的大量陶俑。这些和人同样大小的陶俑,后来被称作"兵马俑"。

由此可见,"俑"指的是埋在墓中的土偶。日文音读作"ヨウ",日文训读作"ひとがた"(译注:"ひとがた",汉字亦可写作"人形")。

右端的"甬"同样指桶状容器。"人"加上"甬",便代表陶制的桶状人偶。只要参照上方"俑"的插画,便不难想象这种人偶大概是什么模样。

故此,"蛹"和"俑"均是因所指的东西形似桶状,而造出来的汉字。

【勇】yǒng

勇 勴 勇

繁体字由「マ」与「用」与「力」结合而成。也可以说是由「甬」与「力」结合而成。「甬」代表桶状的空间，「力」则代表农具「耒」。意指宛如以耒耕作般，将蓄积体内的气力发散而出，一口气把活干完的力量。

前文曾提及"踊"可写作"躧"，"涌"也可写作"湧"。"踊"与"涌"右端的"勇"，也是个和"甬"有关的文字。

日本现用的简体字"勇"字由"マ""田"与"力"，结合而成，但繁体字"勇"字则是由"マ""用"与"力"，结合而成。也可以说是由"甬"与"力"结合而成的。

由于此字中的"甬"中央那一竖的下端并没有"甬"字的那么长，因此繁、简体的"勇"之间的差别或许不大明显。

不过，"勇"的确是个由"甬"与"力"结合而成的文字。证据就是"勇"字也可写作"勴"。

"甬"代表桶状物体。前文也曾提及，井水等在这类桶状空间里由下往上涌出，谓之"涌"（湧）。因此，"甬"

字也有水在桶状空间内满溢而出的意涵。

在本书第十章"与【力】有关的汉字"中曾经提及,"力"代表的是农具"耒"。

以农具"耒"耕作土地,需要用到"力",而且必须一口气将储存在体内的"力"发散出去。

这种将蓄积于内的力量发散出去,一口气把活干完的力量,便谓之"勇"。

因此,"勇"字所形容的是"蓄积于内的力量,满溢而出"。这个解释,请大家务必谨记。

例如为洁身自爱而抽身,称作"勇退",形容的是"果敢离职"。由这个词,的确能联想到"蓄积于内的力量,满溢而出"的状态。

"勇气"形容的则是"勇敢的气性",同样是一眼就能让人联想到一个人"毫无畏惧的强劲气力"自心中满溢而出。

第十六章 与【辰】有关的汉字

"海市蜃楼"是指在沙漠或海上，看见地上或海上的景物若隐若现，或远方的景物看似近在咫尺的现象。这是一种在地面、海面出现局部温差，造成光线异常曲折所导致的现象。

《西游记》里也提及了海市蜃楼。三藏法师一行人走在险峻的山路上时，三藏法师望见山间有一高耸楼阁，大喜："这必是村民住家或寺庙"，孙悟空便如此解释了"海市蜃楼"："那儿似乎不妙""不少妖魔鬼怪能施法，在转瞬间立起高楼""蜃也可能变出楼阁"。

但即使悟空提出如此忠告，三藏、猪八戒和沙悟净还是趁他离开时，前往那座楼阁，而且这果然是妖怪变出的假楼阁，三人就这么被妖怪给逮了起来。

《西游记》中的是发生在内陆的海市蜃楼，日本则是以春季发生在富山湾的海市蜃楼最为有名。融雪化成的冷水覆盖海面，又有来自陆地的暖气流入，便随气温的逆转，产生了海市蜃楼。

【蜃】 蜃 蜃
shèn

指大蛤。古人认为大蛤吐出的「气」能在空中形成楼阁。

"海市蜃楼"的"蜃"指的是大蛤。大家都知道这词的典故,是因古人认为这类空中楼阁是因大蛤吐气而产生的。由此传说不难推知,古时的中国人认为"蜃"(大蛤)拥有特别的法力。

《说文解字》写道:"雉入海,化为蜃",《礼记》也表示:"雀入大水为蛤,雉入大水为蜃。"

鸟在古时的中国,被视为天意或神灵的媒介(注1)。

借《说文解字》和《礼记》的记述做过推测后,白川静先生在《字统》中表示:"古时应有鸟类入水化为贝类的传说"。天意或神灵的媒介由鸟化为贝,可见古时的中国人认为"蜃"(大蛤)也和鸟一样拥有法力。

中野美代子小姐(译注:1933年出生,中国文学研究家,曾任北海道大学文学部教授,现为此大学名誉教授及专业作家。历年来曾发表许多以《西游记》等中国文学、文化为主题的著作、论文及散文）在《西游记》译注及其著作《中国的妖怪》中也曾提及，传说蛇与雉交而产卵，引来满天云雷，其卵遇雷入地，二三百年后孵化而出者，即为"蜃"。此蜃食燕后"哈！"地吐出的气，便是海市蜃楼。

　　《西游记》是十六世纪中国明朝时期的长篇小说，骗过了三藏法师一行人的海市蜃楼，应该就是这蛇与雉所产下的"蜃"。当然，中野小姐也提到了"大蛤"的"蜃"，并表示"有趣的是，两者均与雉有关"。

　　（注1）参照《神秘的汉字1》第127页，与"隹"有关的说明。

辰【辰】chén

甴 辱 辰

形容大蛤伸出腿走动的模样。

在本章中将介绍的，是和源自"大蛤"的"蜃"有关的文字。

"蜃"原字为"辰"。"辰"为"蜃"的象形文字，形容的是大蛤伸出腿走动的模样。

含有"辰"的字形有三大特征。

第一个特征是，由于"辰"形容的是大蛤伸腿走动，故这一连串汉字均与"走动"有关。

第二个特征是，由于古人认为"蜃"的蛤肉具有法力，故常将其用于祭祀或占卜仪式中。许多汉字也带有这"辰肉"的意涵。

第三个特征是用于农耕的"辰"（蜃）。大蛤的贝壳称作"辰器"，自古便是用于农耕的耕耘器具。耕耘的"耘"意为"除田中草"，形容耕作农田、去除杂草。许多汉字也与带有除草、农耕意涵的"辰"（蜃）有关。

【農】农 nóng

金文字形由「田」与「辰」结合而成。此字中的「辰」代表的是以大蛤贝壳制作的农具。这是一种将贝壳碎片制成的刃器嵌在木棍尖端的农具，故耕田便谓之「农」。

首先，就由与"农业""农耕"有关的"辰"开始谈起。毕竟"农"这个字里也有个"辰"字。

"农"（農）的金文字形（）由"田"与"辰"结合而成。"辰"通常代表大蛤伸腿移动，但此字中的"辰"代表的是，以大蛤的贝壳制作而成的农具。这是一种将贝壳碎片制成的刃器嵌在木棍尖端的农具，故耕田便谓之"农"。

后来"田"字被误写成"曲"，便成了现用的"农"字。

不过"农"的甲骨文字形却是由"林"与"辰"结合而成（），或由"森"与"辰"结合而成的（）。

可见"农"字的原义，是以大蛤的贝壳嵌于木棍上的"蜃器"开垦林野荒地。

农耕需要耗费大量劳力，故含有"农"字的文字多有"浓厚、殷勤、细致、浓郁"等意涵。

【濃】浓 nóng

农耕需要耗费大量劳力，故含有"农"字的文字多有"浓郁"等意涵。"农"加上"氵"，便代表"浓郁"。

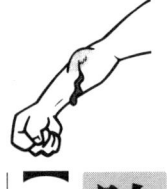

【膿】脓 nóng

此字中的"农"也带有"浓郁"的意涵。"农"加上"月"，便代表"脓液"。

接下来，再列举几个承袭了"农"字这几个意涵的文字。

首先是"浓"（濃）。此字泛指一切事物的"浓郁、浓厚、细致"，但使用范围也被扩大到形容人类的情感。

例如"浓厚"这个词，除了形容"色、香、味的浓厚"，也可用来形容"男女之情的浓厚"。

另外一个源自"农"这几种意涵的相关字，就是"脓"（膿）。

这是个形容"脓液、化脓"的汉字，但其中也带有形容脓液"浓郁"的意涵。

【辱】辱 rǔ

「辰」代表将大蛤碎贝嵌于木棍而成的蠹器。「寸」则代表手。两者结合而成「辱」,原义为手持蠹器「除草」。后被假借成形容「屈辱」。

【耨】耨 nòu

由「耒」与「辱」结合而成的字形。形容以蠹器除草。

接下来要介绍的是"辰"下方加上一个"寸"而成的"辱"字。这是个原义与今天的字义有极大出入的文字。

"辰"代表将大蛤碎贝嵌于木棍尖端而成的蠹器。"寸"则代表"手"(注2)。

因此"辱"的原义,是手持以大蛤碎贝制成的蠹器"除草"。

白川静先生认为,其字义之所以变成"屈辱、羞辱",应实为假借用法使然。

后来"辱"被当作"羞辱"等字义使用,故又造出了一个"耨"字以形容"除草"。

"耨"字由"耒"与"辱"结合而成,原义是以蠹器除草。

"繁文缛节"是个颇为常见的成语,意指"过于繁复的规则及手续,与流于形式的仪式",其略称"繁缛",亦有"繁复的色彩与花纹"之意。"繁文缛节"与"繁缛"的"缛"里,也有个代表除草的"辱"。

(注2)参照《神秘的汉字1》第4页,与"寸"有关的说明。

【蓐】 rù

"辱"与"艹"结合而成的字形,意指以"割下的草"编成的草席,或铺有草席的"褥垫"。

【褥】 rù

此字中的"辱"也是指"割下的草",再以草编成,包边而成的"褥布"。垫料以指……

在说明"褥"字前得岔个话题,先介绍另外两个含有"辱"的汉字。

第一个就是"蓐"。

这是个由"辱"与"艹"结合而成的字形,意指以割下的草编成的"草席",或铺有草席的"褥垫"。日文音读作"ジョク"、日文训读作"しとね、しきもの"(译注:"しとね"日文汉字作"芮"或"褥","しきもの"日文汉字作"敷物",皆为褥垫之意)。

从铺有褥垫的场所这意涵,又扩大到形容为妇女生产所用的产房。因此"蓐月"形容怀孕妇女预产的月份,即预产期。这个词源自产房铺有"蓐席"(草席)这个典故。其他还有几个含有"蓐"字的词,例如"蓐医"指妇产科医师,"蓐妇"则指产妇。

至于"产褥期"这个词,指的是母体从分娩后到恢复常态之间的时期。"产褥热"则是指好发于产褥期妇女的发热性疾病。"产褥期""产褥热"中的"产褥",指的便是"生产时产妇所用的睡床"。

【縟】縟 rù

縟

此字中的"辱",亦代表"割下的草"。全字形容以草编成的褥垫繁复的配色及花纹。

"产褥"的"褥"字中的"辱"也代表"除草"。前文亦曾提及,以割下的草编成的草席称作"蓐",以布(衤)包边的蓐则称作"褥"。因此棉被也称作"褥"。

"褥"日文音读作"ジョク"、日文训读作"しとね、しきもの"(译注:"しとね"日文汉字作"茵"或"褥","しきもの"日文汉字作"敷物",皆为褥垫之意)。皆与"蓐"相同。因此"产褥热"也可写作"产蓐热"。

现在,再回头谈谈"繁文缛节"的"缛"。

"缛"字里的"辱"同样代表"除草",亦有"蓐"的意涵。褥垫繁复的配色及花纹,便谓之"缛"。

此外,在本书第八章"与【女】有关的汉字"中也曾提及,"繁缛"的"繁"代表的是参加祭祀仪式佩戴发饰,再加上细丝制成的饰品"纟"的妇女,原意是形容发饰过多、过于"繁杂"。

后来又衍生出形容"配色及花纹繁复"的"繁缛",又进一步扩大为形容"过于繁复的规则及手续,与流于形式的仪式"。

娠【娠】㖈
shēn

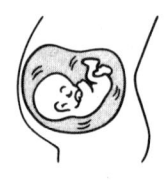

"辰"带有"移动"的意涵。形容胎儿于孕妇腹中胎动。

由于形容繁杂，又衍生出"繁多、密布"的意涵，故毛皮上的密毛又称作"缛毛"。

含有"辱"的字形就介绍到这里。现在再回头谈谈本章的起点"辰"（蜃）这个字。

前文亦曾提及，"辰"乃"蜃"的象形文字，形容的是大蛤伸腿移动的模样。因此含有"辰"的一连串汉字，大多带有"移动"的意涵。

接下来要介绍的，就是几个含有"移动"意涵的汉字。

介绍含有"辱"的文字时，曾举过"蓐月"（预产月）、"产褥"（生产时产妇所用的睡床）几个例子。虽然算不上这几个例子的延伸，但在此打算先对"妊娠"的"娠"字略事介绍。

【身】 身 shēn

代表一个大腹便便的人体的侧面。

读过前文的说明后,大家应该不难推敲,这其实是个形容"腹中胎儿胎动"的汉字。

不过"娠"并不是个形容孕妇仪态的象形文字,原意其实是母体"感受到胎儿在自己体内胎动"。

那么,形容"孕妇"的是哪个象形文字?

就是"身"字。

上图列举了"身"的几个古字,可以看出此字所代表的,是个大腹便便的人体的侧面。"身"本是个代表怀孕的文字,形容胎动的"娠",则是"身"的形声字。

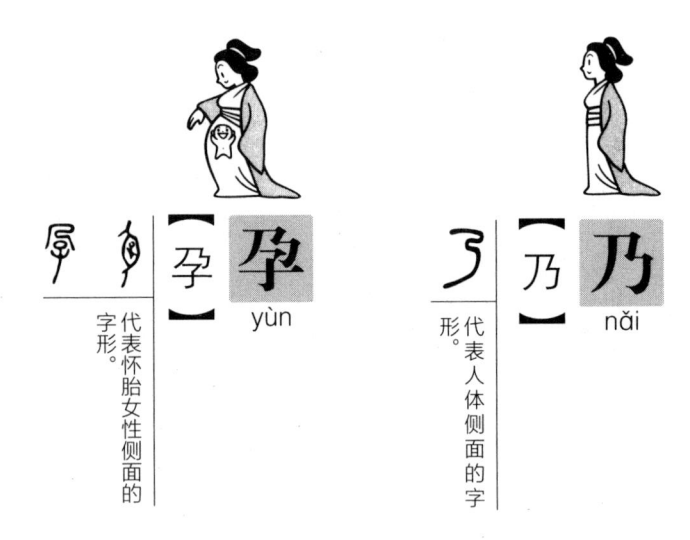

【孕】yùn 代表怀胎女性侧面的字形。

【乃】nǎi 代表人体侧面的字形。

在此顺带介绍另一个代表"怀孕"的汉字，那就是"孕"。

"孕"由"乃"与"子"结合而成。"乃"一如"身"，同样是代表人体的侧面。加上一个"子"，便成了一个代表怀胎女性侧面的字形。

想必任何人都能轻易看出，其甲骨文字形（ ）描绘的正是一个"怀孕"的妇女。这个甲骨文字形，也是笔者最喜爱的文字之一。不须具备任何知识，便能读出这个字的含义。想必即使是在非汉字圈成长的人们，大概也不难凭直觉猜出甲骨文的"孕"的字义吧。

王 壬 工 【壬】 rén

一种纵轴中央略呈隆起的工具。

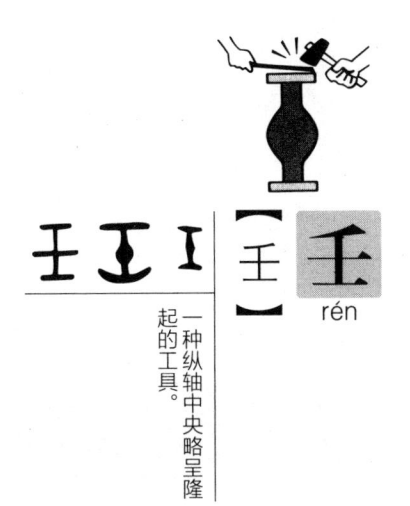

借此也顺道说明一下"妊娠"的"妊"字。

这是个由"女"与"壬"结合而成的文字。从其古字纵轴部分代表隆起的圆点便可看出,"壬"指一种纵轴中央略呈隆起的工具。中央之所以隆起,乃是为了承受重击或支撑重物,故"壬"其实是一种用于锻造金属器物的"工作台"。

【任】 rén rèn

代表纵轴中央隆起的工具的"壬"与"人"结合而成的字。代表承担某种负担的人。

【妊】 rèn

形容孕妇腹部如工具"壬"一般隆起的字。形。指怀孕。

以"任"字为例，其右端的"壬"也是指此一中央略呈隆起，以承受重击或支撑重物的工具。

故由"壬"与"人"结合而成的"任"，便代表承担某种负担的人，自此衍生出"责任"或"任务"等词。而将负担加诸于人，则称作"委任"或"任命"。自愿担下负担者，便称作"任侠"。

代表此一纵轴中央隆起的工具的"壬"加上"女"，便代表女性腹部隆起，因此"妊"便是一个形容妇女怀孕的汉字。

【震】震 zhèn

下方的「辰」代表「震动」，「雨」则是个代表气象、天候的字形。两者结合起来，便形容「雷声大作」。而雷声会使大地「震动」、使人「颤抖」。

现在再回到"辰"字。

由"震"是个代表"震动"的文字便能看出，"辰"其实也带有震动的意涵。

"雨"是个代表气象、天候的字形。"震"原本代表"雷声大作"，而雷声会使大地"震动"，使人"颤抖"，故以此字形容人或物的"震动、颤抖"，亦衍生出"震惊、震栗"等字义。

接下来，再针对代表具法力的蜃肉的"辰"略事说明。

"辰"与"蜃"（大蛤）原为同义字。古人相信"蜃"肉具有法力，由卜辞中可以看到许多与"辰"有关的文字来判断，古代中国似乎曾有以"蜃"进行占卜的习俗。

例如在"兹邑亡㲋？""今夕𠂤亡㲋？"等卜辞中，就能看到如今已不再使用，仅见于甲骨文的"㲋"字（译注："㲋"此字今写作"震"）。

其中的"邑"代表村落，"𠂤"则代表军队（注3）。

[祳] 裖 脤
zhèn

〔脤〕军队出征前供奉的肉。古字亦写作"裖"。

　　这些甲骨文的卜辞所询问的，是村落或军队是否因地震等突发事件而大为震惊。

　　此外，"蜃"肉也曾被当作祭品使用。

　　军队出征前，需要供奉一种名曰"脤"的肉。作战时，也必须带着这"脤肉"行动。上述的甲骨文卜辞，可能都是军队出征时卜的卦。很可能是这被军队视为守护神的"脤肉"发生了某种变异，众人将之视为会导致群众震惊的凶兆，因而为此求神问卜。

　　（注3）参照《神秘的汉字1》第39页，与"自"有关的说明。

【振】 振 zhèn

"辰"代表被军队视为守护神的"脈肉"。加上一个"扌",便代表"手持脈肉"。故此字的原意,乃是以"手持脈肉"振奋军心。

现在,再举几个常用的汉字为例,略事探讨古代中国人究竟认为"辰"(蜃)有着什么样的法力。

首先是"振"字。

"辰"代表"移动"。加上一个"扌",相信大家不难推测出,代表的就是"以手移动或振动"。

虽然"振"字的结构如此浅显易懂,但白川静先生认为"振动"应该是比较近的时代才出现的字义。

此字中的"辰"代表的是"脈"。加上一个"扌",便代表军队"手持脈肉"。因此"振"的原意,乃是以"手持脈肉"振奋军心。

战事结束,凯旋之后,需要举行将脈肉归还宗祠的"归脈之礼"(注4)。

此外,战事结束后的凯旋谓之"振旅"。"旅"指的并不是"旅行",而是"军旅"。人数虽因时代而异,但依周朝时期的编制,五百名士兵成一"旅",五旅成一师,五师则成一军。如今在连

赈 [賑]
zhèn

「振」有「救济」之意，「赈」则为同义字。左端的「贝」代表子安贝，有财货的意涵，故全字形容借施舍「救助」他人。

队（译注：日本军制。中文常写作"联队"，相当于我军的"团"）之上、师团（译注：日本军制。相当于我军的"师"）之下的部队单位仍称作"旅团"（译注：日本军制。相当于我军的"旅"）。

"振旅"的"振"为"整顿"之意，"旅"则代表"军旅"。"振旅"意指整顿军队凯旋，自此"振"又衍生出同"镇"的"平定、治理"之意。

此外，"振"也有同"赈"的"救济"之意。

许慎在《说文解字》中将"振"解释作："举救也"，一开头就说明其字义为"救济"。

"振救"一词便与这字义相呼应。"振救"也可写成"赈救"，意为"借施舍，救助贫民或灾民"。"赈"左端为"贝"，在金属货币尚未流通的时代，常以贝壳为货币使用，故有"财宝""财货"之意。

意即，以财物振救，便谓之"赈"。自此又衍生出"赈灾、振兴"等字义。

（注4）参照《神秘的汉字1》第45页，与"归"（歸）有关的说明。

【脣】脣 chún

「辰」有「移动」之意，加上一个「月」（肉），便代表「嘴脣」。

【唇】唇 chún

原意为「震惊」，来演变成「脣」的同义字，最后取代了「脣」，成了「嘴脣」之意。

最后，再来介绍两个"辰"的相关字——"脣"与"唇"。

"脣"的原意为"嘴脣"。"辰"有"蜃"（大蛤）伸腿"移动"之意，加上一个"月"（肉），便代表"嘴脣"。

至于"唇"，在《说文解字》中的解释是"惊也"，乃颤抖、震惊之意。由此可见"震"的原字便是"唇"。

相信学过白川静先生的汉字学的读者都很清楚，"辰"下方的"口"代表的并不是"嘴"，而是盛装祝告文的容器"𠙵"。看来古人曾对脤肉举行过某种仪式。

由此可见，"唇"原本与"脣"有别，代表的是"震惊"，后来演变成"脣"的同义字，最后取代了"脣"，成了"嘴脣"之意。

如今在常用汉字表（译注：日本文部科学省国语审议会所制定的应使用汉字范围。自1923年初次颁布起，屡经修订，最新版本为2010年颁布的改订常用汉字表，内有2136个汉字）里，"嘴唇"仅可写作"唇"。

与"辰"有关的汉字到此已逐一介绍完毕。但最后还打算再补充一点。

本章前文业已提及，古代中国的军队有携带被视为守护神的肉出征的习俗。这种肉称作"脤肉"。

这"脤肉"若是"辰"（蜃）的肉，可能就是蛤肉了。

而在《神秘的汉字1》第六章"与【𠂤】有关的汉字"里也曾说明，"𠂤"也是军队出征时携行的祭肉。

"追击"敌军时，军队会割下一块"𠂤"随行。派遣军队出征时，也会让他们带上一块"𠂤"。因此，"追"或"遣"字里都有个"𠂤"，就是出于这个典故。由其古字（𠂤）不难看出，"𠂤"其实是个代表两块肉的字形。

军队在行动时，想必不大可能同时供奉两种祭肉，故"𠂤"与"脤肉"理应是同样的肉。但假设"脤肉"真是"蛤肉"，世上可有大到足以被割成几块、供军队携行的蛤肉？即使真有"大蛤"……

前文曾提及甲骨文时代的卜辞"今夕𠂤𦥑亡？"这句卜辞中同时有"𠂤"

"辰"（译注："辰"此字今写作"震"）两字，可以看出"臼"与"辰"之间应该有着某种关系。

此外，前文也曾提及在战事结束，凯旋之时，需要进行将脤肉移归宗祠的"归脤之礼"，而"归"（歸）字里也有一个"臼"。因此"归脤"这个词也透露了"臼"与"辰"的密切关系。

那么，"臼"所代表的两块肉，是否就是"蛤肉"？关于这点，似乎仍没有明确答案。

有鉴于此，笔者曾亲自向白川静先生请教"臼"与"脤肉"之间有何关联。而白川静先生的回答，教笔者至今难忘。

"小山先生，这至今仍无明确答案。"

对笔者这么个刚开始学习汉字学的新手，白川静先生竟然不带半点权威架子，向笔者坦率地说明了目前业已厘清和尚未厘清的种种解读。

白川静先生热心、直率的说明，让笔者在惊叹之余，也佩服得五体投地。这种除了自己的推测，也不忘说明他人的推论的态度，让笔者深感他对权威和地位毫不恋栈，只关心"追求真相"。

这场教人永生难忘的请益，让笔者

体会到，真正的硕学之士该有的，是什么样的态度。

同时也领悟到即便是致密解析出汉字系统性的白川文字学，对"臽"与"脤肉"的关联依然无法提出明确的解答。

在这本说明白川静先生如何分析汉字体系起源的书中，坦承仍有白川汉字学无法完美解释的问题，或许有点奇怪。

但笔者的用意，乃是让各位读者感受到白川静先生对"追求真相"的坚持。

或许在阅读本书的年轻读者中，有人将在未来投身汉字学的研究。衷心期望这些年轻朋友们也能继承白川静先生的精神，对权威、地位毫不执着，仅专心致志于追求真相。

第十七章 与【古】、【吾】有关的汉字

在《神秘的汉字1》及这本《神秘的汉字2》中已数度提及，白川静先生的汉字学最大的功绩，就是解明了"口"并不指"嘴"，而是盛装祝告文的容器"ᄇ"，将含有"口"（ᄇ）的汉字标示为一个新的体系。由于"ᄇ"是向神祷告时所用的法器，其法力绝不可有丝毫损毁。为了保护这重要的"ᄇ"，古人也造出了许多以此字为基础的文字。

本书第一章"与【王】有关的汉字"所介绍的"吉"就是一例。"吉"上方的"士"代表小型的钺前端的刀刃，古人认为钺刃具有能驱邪辟凶的法力。将钺刃放置于重要的"ᄇ"上方，以守护祈祷的效果，便谓之"吉"。而含有"吉"的"结"或"诘"，均是形容守护"ᄇ"的法力的文字。

【古】 古 gǔ

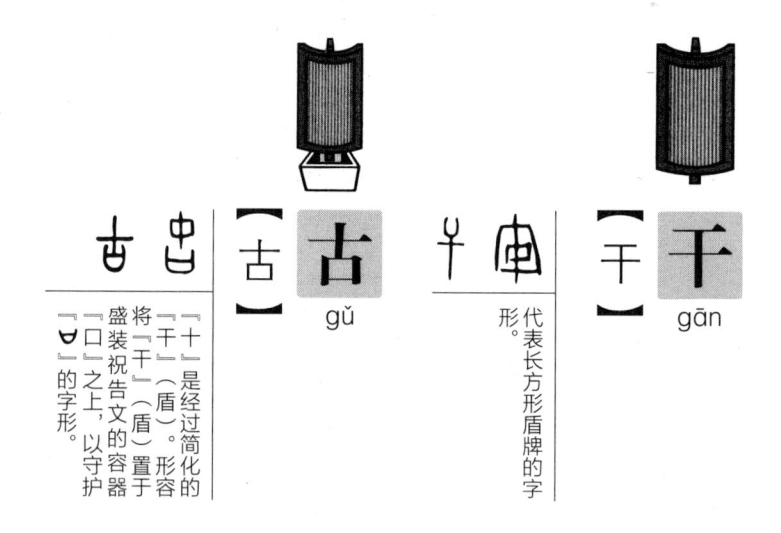

"十"是经过简化的"干"(盾)。形容将"干"(盾)置于盛装祝告文的容器"ㅂ"之上,以守护"ㅂ"的字形。

【干】 干 gān

形代表长方形盾牌的字形。

但除了含有"吉"的一系列文字以外,也有许多形容守护重要的盛装祝告文的容器"ㅂ"的文字。

本章将介绍的,就是一连串形容守护"ㅂ"的汉字。

首先是"古"。

这是个由"十"与"口"(ㅂ)结合而成的字形。由上图左端的甲骨文字形可明显看出,此字上方的"十",并非数字的"十",而是经过简化的"干"(长方形的盾牌)。

这是个形容将神圣的"干"(盾)置于盛装祝告文的容器"ㅂ"之上,以守护神圣的"ㅂ"的字形。如此守护可长保祈祷的法力,故"古"有"古老、古代"之意。

许慎的《说文解字》将"古"解释成"从十、口,识前言者也",意为"十名识前言者以口语相传",将"口"解读成"嘴",也将"十"解释成数字的"十"。但白川静先生在《字统》中,将此驳斥为错误解读。

【固】固 **固** gù

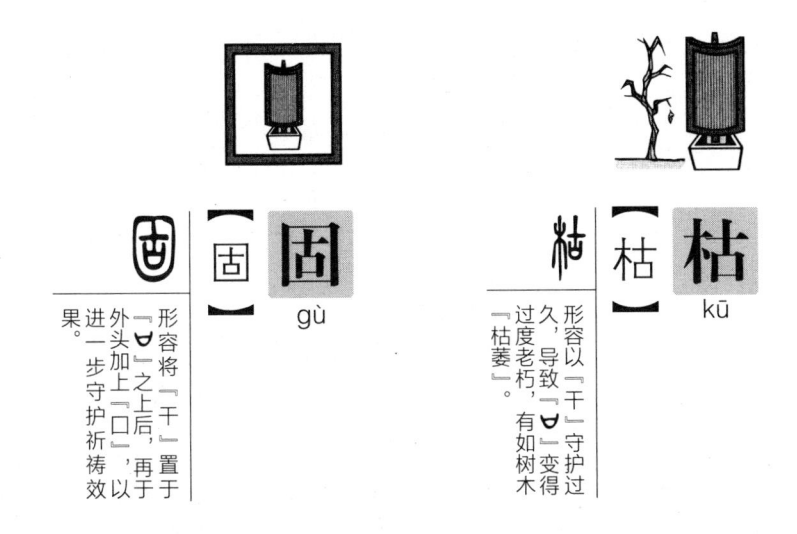

形容将"干"置于"ㅂ"之上后,再于外头加上"口",进一步守护祈祷效果。

【枯】枯 **枯** kū

形容以"干"守护过久,导致"ㅂ"变得过度老朽,有如树木"枯萎"。

接下来是"固"。

将"干"(盾)置于重要的"ㅂ"之上谓之"古",但若需要更严密地保护"ㅂ",可在"古"的外侧再加个"口"(代表围的部首),便是"固"。

如此可使祈祷的效果更牢靠,故有"坚固"之意。而由于形容坚固、固定,又衍生出代表坚持的"固守"及代表原本的"固有"等字义。

但牢固过头,也可能使被守护的东西变得过度老朽、精气尽失。

反映这种情况的就是"枯"字。此字右端的"古"也代表将神圣的"干"(盾)置于"ㅂ"之上,以长保祈祷效果,但保存过久,恐将使其如失去精气的树木般"枯萎、枯朽"。

【涸】涸 hé

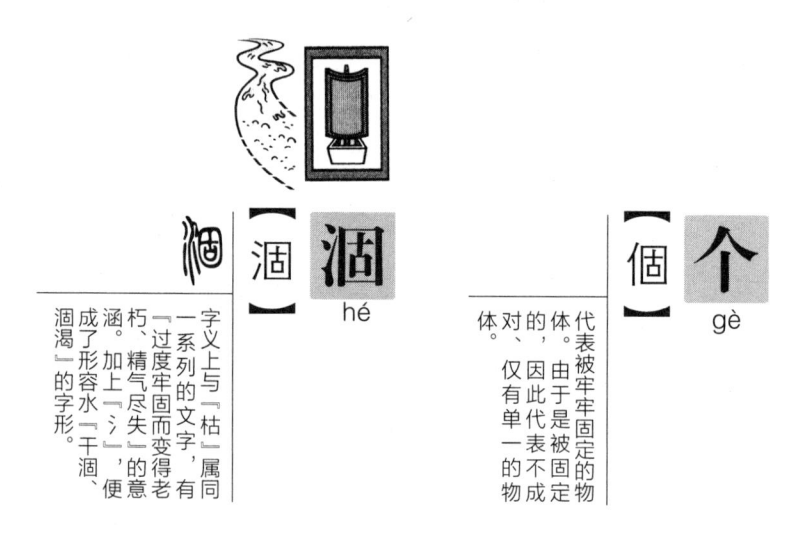

字义上与"枯"属同一系列的文字。"固"有"过度牢固而变得老朽、精气尽失"的意涵。加上一个"氵",便成了形容水"干涸、涸渴"的字形。

【個】个 gè

代表被牢牢固定的物体。由于是被固定的,因此"个"又代表不成对、仅有单一的物体。

　　此外,形容水"涸渴"的"涸",从字义上也可被归类为与"枯"属同一系列的文字。

　　"涸"字右端的"固",同样有"过度牢固而变得老朽、精气尽失"的意涵。加上一个"氵",便成了形容水"干涸、涸渴"的字形。

　　"个"(個)则是又一个与"固"同一系列,且十分常用的文字。

　　"个"字里的"固",代表被牢牢固定的物体。由于是被固定的,因此"个"又代表不成对、仅有单一的物体。

　　不过,"个人""个性"等词并非自古即有,而是晚近才出现的外来词语。根据《哲学·思想翻译语事典》(译注:论创社于2003年出版的著作,由石冢正英、柴田隆行审订,内容剖析幕末至现代的194个外来语之源起),"individual"这个英文单词被译成"个人",但在约19世纪80年代的明治时期,日本将这个单词译成"一个人"。后来去掉了"一",才成为如今常用的"个人"。

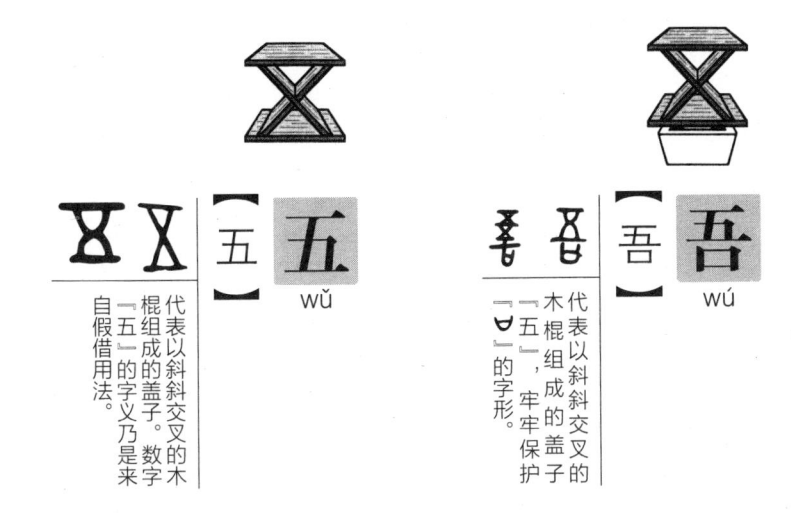

【五】wǔ 代表以斜斜交叉的木棍组成的盖子。数字"五"的字义,乃是来自假借用法。

【吾】wú 代表以斜斜交叉的木棍组成的盖子,牢牢保护"ㄩ"的字形。

　　除了上述的"吉""古""固"之外,含有"五"的文字,也是形容守护"ㄩ"的汉字。

　　"五"的甲骨文、金文是同样的字形,均代表以斜斜交叉的木棍组成的盖子。数字"五"的字义,乃是来自借用此字读音的假借用法。

　　以这交叉木棍组成的盖子牢牢保护"ㄩ",便谓之"吾"。某些金文字形写有上下两个"五",以代表更牢靠地保护"ㄩ"。

　　由此可见,"吾"字原为"守护"之意。代表第一人称"我"的字义,亦是假借用法使然。

【 **玣** 】
gān hàn

【玣】 【𢦏】

"干"代表"盾"。加上"攵"（支），便有执盾"守卫"的意涵。

【 **敔** 】
yǔ

【敔】【𢼄】

形容的是以树枝敲打有木盖"五"保护的"口"（ㄩ），以激化其法力，进一步守护"ㄩ"。

　　金文中有"干吾王身"一词。"干吾"乃"玣敔"的原字，"玣"中的"干"一如本章开头所说明的，代表的是"盾"。"玣"则是个形容执盾"守卫"的文字。

　　"敔"则是由"吾"与"攵"（支）结合而成的字形。"吾"代表保护"ㄩ"，"攵"（支）则代表敲打"ㄩ"以激化其法力，故"敔"也同"玣"，同样带有守护的意涵。

　　含有"吾"的文字中，最常见的大概就是"语"。这个由"言"与"吾"结合而成的文字，也反映出"吾"字将"ㄩ"加盖牢牢守护的字义，故"语"也带有"守护"的意涵。

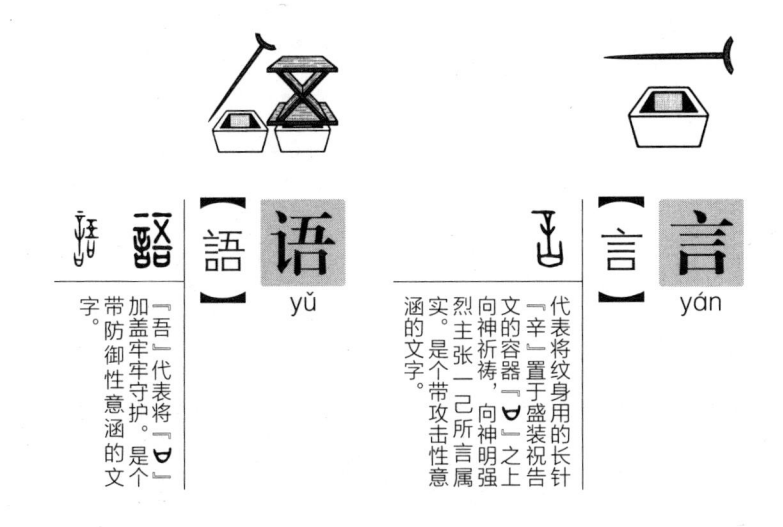

【语】yǔ 【吾】代表将「口」加盖牢牢守护。是个带防御性意涵的文字。

【言】yán 代表将纹身用的长针「辛」置于盛装祝告文的容器「口」之上，向神祈祷，向神明强烈主张一己所言属实。是个带攻击性意涵的文字。

在《神秘的汉字1》中关于"言"（第62页）的说明里曾经提及，关于大家常用的"言语"一词，白川静先生认为"言"是个攻击性的字，"语"则是个防御性的字。

"言"下方的"口"代表盛装祝告文的容器"ㅂ"，"口"以外的部分则是由代表纹身用长针的"辛"字演变而来。将"辛"置于盛装祝告文的容器"ㅂ"之前向神祈祷，便谓之"言"，意指向神立誓若自己所言不实，愿服墨刑以示谢罪。

但换个角度看，向神明强烈主张一己所言属实的"言"，也可被视为一种攻击性态度。

保护"祈祷"不受这种攻击的，便是含有代表"守护"的"吾"字的"语"。

【悟】悟 wù

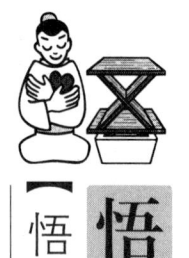

"吾"同样是以木盖"五"守护"ㅂ"之意,自此衍生出"维护""守护"某个东西"的意涵。加上"忄",便是形容"维护心境爽明"。

再举一个与"吾"有关的例子——"悟"。

这是个由"忄"与"吾"结合而成的文字。此字中的"吾",同样是以木盖"五"守护"ㅂ"之意。

加上一个"忄"而成的"悟",在白川静先生的《字统》中是如此解释的:"悟有维护心境爽明之意,心意明确则称作觉悟。"在《字通》中的解释则是:"悟乃排除迷妄、维护心境精爽之意。"

前文介绍"五"时也曾提及,此字原指以木棍交叉制成的容器盖子,后假借其读音,才有了代表数字的"五"。

在此,顺道对数字"一"到"十"的起源做一番简单的说明。

"一""二""三"十分单纯。

这三个字是怎么来的,应该连小学生都很清楚。将数数目时所

【四】四 sì

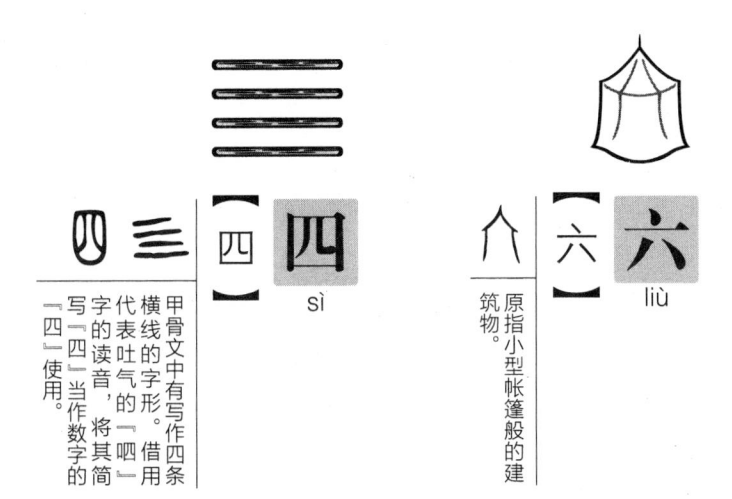

甲骨文中有写作四条横线的字形。借用代表吐气的"呬"字的读音，将其简写"四"当作数字的"四"使用。

【六】六 liù

原指小型帐篷般的建筑物。

用的棍子横向摆放，一支就呈"一"，两支就呈"二"，三支就呈"三"。在六书中，这三个字都属于"指事"的范畴。

其实"四"的甲骨文字形，也写作四条横线。

但数目若是太大，以代表木棍的横线排列便容易被误读。因此便借用"呬"（代表吐气之意）的读音，将其简写"四"当作数字的"四"使用。可见"四"是个随假借用法而来的文字。

而前文业已说明，"五"也是个假借文字。

至于"六"，从其古字可以看出，是个看似小型帐篷般的建筑物的字形。但如今"六"并没有代表帐篷的字义，只被用来形容数字"六"。可见此字也是个假借文字。

第十七章 与【古】、【吾】有关的汉字

219

【坴】坴 坴

两个代表帐篷的"六"上下交叠而成的字形。

【陆】陸 陸 陆 lù

"阝"代表供神明往来天地之间的阶梯（或梯子）。加上一个"坴"，便成了形容阶梯周围一连串帐篷的字形。代表迎神用的帐幕。

至于"陆"（陸）字右端的"坴"，实为两个"六"上下交叠而成的字形。

左端的"阝"（注1），则是供神明往来天界与人间的阶梯（或梯子）。

因此"陆"是个代表神明所用的阶梯周围的一连串帐篷的字形，也就是迎神用的帐幕。由上图左侧的古文字形，便可清楚看出两个上下交叠的帐篷。

（注1）参照《神秘的汉字1》第16页，与"降"有关的说明。

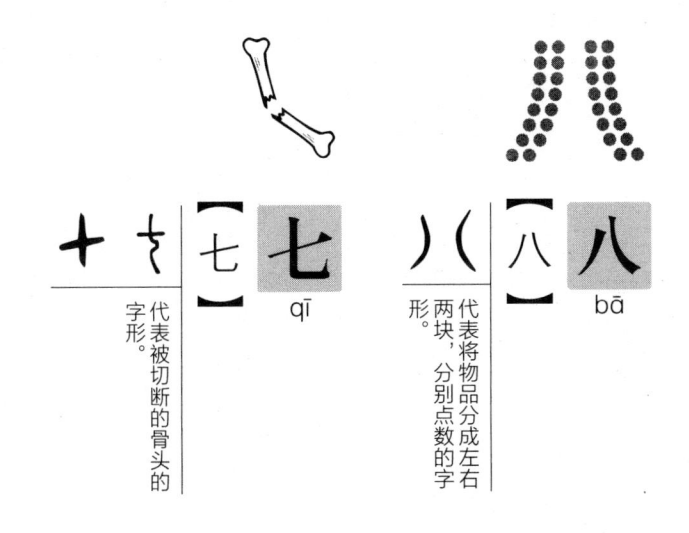

【七】七 qī 代表被切断的骨头的字形。

【八】八 bā 代表将物品分成左右两块，分别点数的字形。

现在再回头说明其他数字的起源。

"七"本是个代表被切断的骨头的字形。因此只要加上一个"刀"，便成为"切"字。"七"之所以成为数字的"七"，也是假借用法使然。

"八"本是个代表将物品分成左右两块，分别点数的字形，后来便以此充作数字的"八"。依六书的归类法，此字应属于指事文字。

【九】 jiǔ

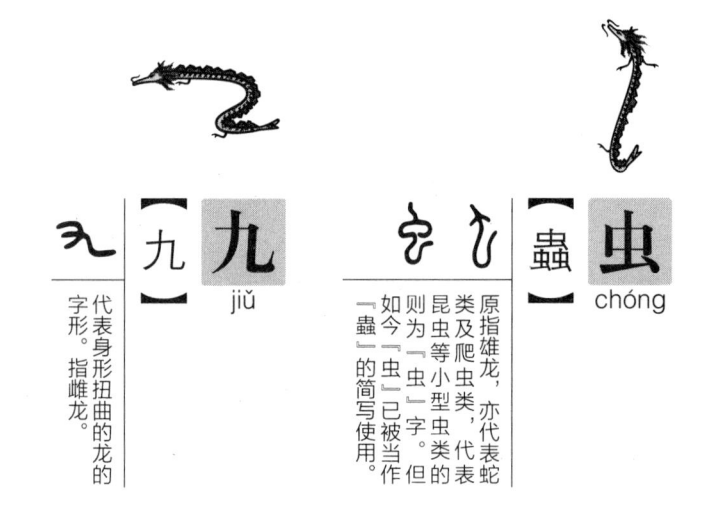

代表身形扭曲的龙的字形。指雌龙。

【虫】 chóng

原指雄龙,亦代表蛇类及爬虫类,代表昆虫等小型虫类的则为"蟲"字。但如今"虫"已被当作"蟲"的简写使用。

　　或许乍看之下不易辨明,"九"其实是个代表身形扭曲的龙的字形。知道这解释后再看看古字的"九",应该就不难看出个中的关联。这古字,看来是否与长崎的"御九日"(译注:原文以平假名写作"おくんち",日文汉字亦可写作"御供日"或"御宫日",为九州岛北部为感念丰收而祭祀神明的传统秋祭)中舞龙表演的龙十分相似。

　　与"龙"有关的文字,可被划分为从"虫"的字形,与从"九"的字形两大类。

　　由古字看来,从"九"的龙有分岔的龙头,代表的是雌龙。从"虫"的龙则代表雄龙。"虫"字原本指的并非昆虫,而是蝮蛇等蛇类或爬虫类。真正代表昆虫等小型虫类的,其实是"蟲"字。

　　"虫"与"蟲"本为别字,但如今"虫"已被当作"蟲"的简写使用。

【禹】禹 yǔ

雌龙与雄龙结合而成的字形。「禹」为传说中的古代中国贤君,亦是洪水之神。

【龍】龙 lóng

中国最具代表性的灵兽,身形呈蛇身,头部有个「辛」字形头冠装饰。

而将"九"与"虫"两个分别代表雌龙与雄龙的字形相结合,便成了"禹"字。"禹"被誉为夏朝始祖,为传说中的古代中国贤君。大禹为洪水之神,成功整治黄河水患,并将天下分为九州来治理。尤其古字（禹）可以清楚看出,"禹"的确是个由"九"的古字（九）与"虫"的古字（虫）结合而成的文字。

"龙"（龍）是中国最具代表性的灵兽。象征此灵兽的古字,头部有个"辛"字形的头冠装饰,代表一如"禹","龙"也是古时的洪水之神。

第十七章 与【古】、【吾】有关的汉字

223

【十】

shí

一支纵向木棍"｜"。金文字形代表"十"。"｜"中央有个隆起的点，后来此点被横向的延长，便成了"十"的字形。

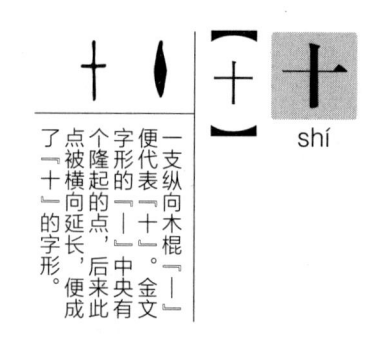

最后轮到"十"字。

点数时，一支横向木棍"一"代表"一"，一支纵向木棍"｜"则代表"十"。上图左侧的金文字形的"｜"中央有个隆起的点，后来此点被横向延长，便成了"十"的字形。

如今仍将"二十"写作"廿""三十"写作"卅"，便是基于与纵向的"｜"代表"十"相同的逻辑。

【咸】 xián

咸 | 咸 | 咸

形容将神圣的『戊』（钺）置于『口』（ㅂ）之上，将之封缄的字形。

在古代中国，祭神被视为相当重要的仪式，因此盛装祝告文的容器"口"（ㅂ）也受到严密保护。

前一章业已提及，和"古"及"吾"有关的汉字，均有将"干"（盾）或以木棍交叉而成的盖子置于"口"（ㅂ）之上严密保护的意涵。本章将介绍的与"咸"有关的汉字，亦是与守护"口"（ㅂ）相关的文字。

"咸"为"口"（ㅂ）与"戊"结合而成的字形。是个代表将神圣的"戊"（钺）置于"口"（ㅂ）之上，将其封缄的文字。

第十八章 与【咸】有关的汉字

【鉞】钺 yuè

代表斧头的字形。乃宣示王权的仪式法器。

为了守护"口"（ㅂ），而将小型的戉的前端"士"置于"口"（ㅂ）之上，便是"吉"（注1）。

相对的，"戉"加上"口"（ㅂ）便是"咸"。"咸"这个字所代表的，是祈神仪式结束后，将盛装祝告文的容器"口"（ㅂ）封缄。由于形容的是将东西封住，故衍生出"结束"的意涵。

而"咸"便是"缄"最早的原字。

（注1）参照本书第10页，与"吉"有关的说明。

"缄"是由"咸"与"纟"结合而成的字形。由"口"（𠙻）与"戌"结合而成的"咸"，代表将"口"（𠙻）封缄。"纟"则为封缄所用的"系绳"。

古时装有书信的"信匣"需要封缄，现代的信封也需要封缄。故封缄的书信便称为"缄书"。

接下来，要介绍一个含有"咸"的汉字中，最为现代人所熟悉的例子。

那就是"感"字。此字可造出"感慨""感谢""感激"，或者"实感""预感"等词，现代人也常说"危机感""期待感"，或俗语常说的"实惠感""价值感"等，在形容词的词尾加上一个"感"字，便可代表形形色色的感觉。

"感"是由"咸"与"心"结合而成的。

将盛装祝告文的容器"口"（𠙻）加上"戌"（钺），并将之封缄谓之"咸"。而形容神明为祈祷所打动并有所感应的文字便是"感"。

意即，此字原本形容的是"神"对祈祷的感应，后来扩大到形容人的心情，也就是心灵方面的感动。

【缄】 缄 jiān

形容加上"戌"后，"口"（𠙻）封缄的，再捆上"纟"代表的"系绳"所形成的字形。

【感】 感 gǎn

形容神明的"心"对祈祷有所感应的字形。

第十八章　与【咸】有关的汉字

撼 【撼】 hàn

「感」代表心动,因此含有「感」的文字,大多带有「动」的意涵。以封缄的祝告文向神祈祷,使神明有所感应,谓之「感」,加上一个「扌」而成的「撼」,形容的则是借此感应感动他人。

由于"感"代表心动,因此含有"感"的文字,大多带有"动"的意涵。

常听到"震撼全球的大事件"之类的形容。"震撼"意指"震动",其中的"撼"也是个含有"感"的文字。

以封缄的祝告文向神祈祷,使神明有所感应,谓之"感",加上一个"扌"而成的"撼",形容的则是借此感应感动他人。

白川静先生在《字统》、《字通》中,均提到一个使用"撼"字的例句:"无撼我帨(披在膝盖上的保温毯)兮。"

这是一个女性在面对意图接近自己的男性时,所提出的类似"别碰我"的责骂。看来男人对女人的轻薄,几千年来都没什么改变。但特地举这个例子来解释"撼"字,教人得以一窥白川静先生的幽默个性。阅读白川静先生所写的文字学书籍,不时会被类似的例子逗得忍俊不禁。

总而言之,"撼"有"撼动、摇撼"等字义。

接下来是"憾"字。

此字在现代似乎多用在"遗憾"这个词里。见人遭逢不幸或失败，若不以直接的话语安慰，便可以"令人遗憾"向人致意。对笔者个人而言，这并不是个让人舒服的字眼。

"憾"被编入常用汉字表（译注：参见本书第207页批注），但"撼"却不然。"震撼"虽是个颇为常用的词，但其中的"撼"却不属于常用汉字。不知这分别是出于什么理由，但想必习惯脱口说出"令人遗憾"的人，为数并不少。

说了这么多题外话，不过"憾"原本并不是个不吉的字。

"憾"由"感"与"忄"结合而成。"感"代表将"口"（ㅂ）封缄祈神，使神明有所感应。"憾"则指神明的感应不够充分、不尽如人意，因此带有"恨"的意涵。

带有同样意涵的汉字，有"恨""憾""怨"等。"恨"代表对他人的恨意。"憾"代表自己心中的遗憾、自己不安的心境。"怨"则代表盘踞心中、挥之不去的怨恨。

【憾】

憾
hàn

将"ㅂ"封缄祈神，使神明有所感应，谓之"感"，加上"忄"便成"憾"，指神明的感应不够充分、不尽如人意。

第十八章 与【咸】有关的汉字

229

【减】减 jiǎn

将「戉」（钺）置于「ㅂ」之上，以守护祈祷效果，谓之「咸」。向容器内灌水，以抹消祈祷效果，谓之「减」。

现在再回到"咸"。在此将介绍一个含有"咸"字，在日常生活中也频繁使用的汉字——"减"。

由"氵"与"咸"结合而成的"减"（減），当然也是个与将戉（钺）置于"ㅂ"（ꓷ）之上，以守护祈祷效果的"咸"有关的文字。

"减"是个代表以"水"灌"咸"，以抹消祈祷效果的文字。故有"减少、减损"之意。

截至目前为止，本书已介绍过许多形容以各种方法守护盛装祝告文的容器"ㅂ"（ꓷ）的文字，例如本章中与"咸"有关的文字、前一章的"古"与"吾"，乃至本书开头"与【王】有关的汉字"中的"吉"等等。不过"减"和这些字的字义正好相反，代表的是以灌水减损祈祷法力的行为。

借此，顺道介绍其他几个与"减"的行为有关的汉字。

【沓】
dá / tà

「ᗖ」中央的一横代表神明所下达的旨意，故「曰」意为「宣布神意」。此字形容向容器内灌「水」，以抹消祈祷效果。

首先是"沓"。

这是个由"曰"与"水"结合而成的字形。从"曰"的古字可以看出，这是个形容掀起盛装祝告文的容器上盖的一端，窥探神明降于其中的旨意，并将之告知众人的字形。"曰"字中央的一横，便代表神明所下达的旨意。因此"曰"有"宣布神意"之意。

由此可见，"沓"本是个形容持续将水灌入容器中，以削减祈祷效果的文字。原有"玷污、重复、贪图"等字义。

第十八章 与【咸】有关的汉字

【盗】盗 dào

下半部的「皿」是歃血为盟时盛有「血」的盘子，上半部的「欠」则是一个站立的人开口站立的人加上「氵」，便代表是一种玷污血盟的行为。将唾液吐进盛有血的盘子中，是一种玷污血盟的行为。

接下来再谈谈"盗"字。虽然此字和"口"（Ħ）毫无关联，但组成概念上也算是类似逻辑的延伸，一并介绍较易于理解，故在此顺道说明。

"盗"（盜）的上方为"氵"与"欠"，下方则是个"皿"。

在古时的中国，诸侯们结盟时，需要宰杀牺牲共饮其血，歃血为盟，谓之"血盟"。

"盗"就是个与"血盟"有关的文字。在说明"盗"字之前，不妨先对这"血盟"做一番详述。

在周朝时期，除非有重大问题发生，须尽快召集众诸侯结为血盟，否则依照常规，通常诸侯们每十二年便得共聚一堂，缔结盟约。

此仪式的具体步骤，是宰杀牡牛，切其左耳，将其置于盘中，依序传递，供众人啜饮其血。为争取这血盟仪式的主持权与主导权，诸侯们常起争端，拥有主导此礼之大权，便谓之"执牛耳"。

盟 méng

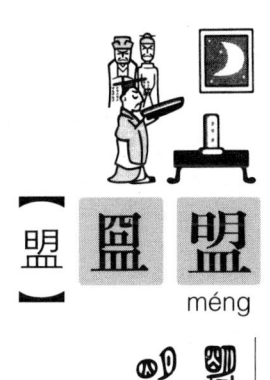

〖盟〗

"血盟"的"盟"字下半部的"皿"并非盘子的"皿",而是代表"血",或盛于"皿"中的"血"。由此可见,"血"的原意其实是"皿"中的"血"。

下半部的「皿」代表「血」,或歃血为盟时盛于「皿」中的「血」。「明」代表月光射入的窗口,「明」通常被供奉在这种地方。全字形容在神明面前啜血立誓。

第十八章 与【咸】有关的汉字

【明】朙 明
 míng

代表的不是「太阳」与「月亮」的「日月」,而是指月光射入的窗口。

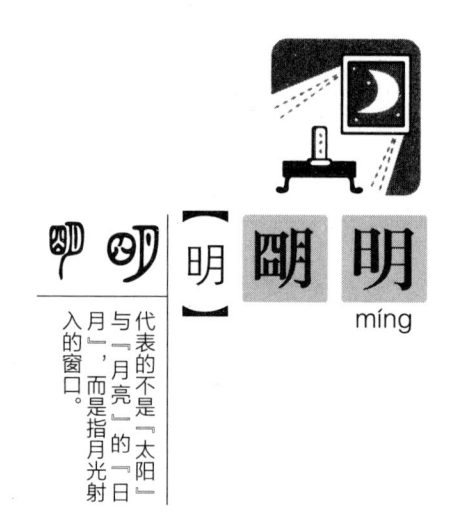

　　上半部的"明"也不是代表太阳与月亮的"日月",而是指"月光射入的窗口",其中的"日"就代表窗口,神明通常被供奉在这种地方。由此可见"盟"的原意,是在神明面前啜血立誓。

　　现在再回到"盗"字。

　　如同"盟"字,"盗"下半部的"皿"也不代表盘子,而是指"血",或盛于盘中的"血"。

　　至于"次"的"氵"为"水","欠"则是个开口站立的人。因此"次"是个形容开口站立的人口吐唾液的字形。

　　行血盟仪式时,朝盘中的血吐唾液,便谓之"盗"。此玷污血盟的行为代表离反,故"盗"所形容的,便是脱离血盟这共同体的行为。

　　可见"盗"的原意,并非时下所定义的"盗贼"。被斥为"盗"者,乃唾弃盟约、脱离共同体的反叛者。就连孔子离开其出生地鲁国周游列国期间,都被称作"盗"。

【贼】 贼 zéi

左半部的「贝」在金文字形中被写作「鼎」。原意为以「戎」的「戈」刮伤刻铸于鼎上的铭文，以示破弃盟约。

最后，再顺道谈谈"盗贼"的"贼"字。

此字由"贝"与"戎"结合而成。左半部的"贝"在上图左侧的金文字形中被写作"鼎"，可见此字原本是由"鼎"与"戎"结合而成的。

【戎】 róng

由"戈"与"ナ"结合而成的文字。"戈"代表进攻的兵器,"ナ"则代表兵器"干"（盾）。"戈"与"干"结合起来,便有代表"武器"的意涵。

　　以青铜铸造而成的鼎上铸有记载盟约内容的铭文。"戎"字中的"ナ"代表"干"（盾）,故"戎"乃是由"干"与"戈"结合而成的,意指"兵器"。

　　形容以"戎"的"戈"刮伤刻铸于鼎上的铭文,以示破弃盟约的行为,谓之"贼"。故"贼"亦代表违反盟约者。破弃刻铸于青铜器上的重要誓约者,则称作"贼"。

　　如今"盗贼"这个词的定义,并不仅指偷窃财宝的小偷,亦泛指反叛社会的叛逆者。若同样以"贼"视之,这些人或许也算是"卖国贼"吧。

第十九章

与【酒】有关的汉字

传说中，德川家康被描述成一个身形如狸猫的老狐狸。相对的，在他之前统一天下的丰臣秀吉则是个"千生瓢箪"（译注：丰臣秀吉在战场上的"马印"，即标示统帅所在的旗帜。丰臣所执的"千生瓢箪"为成串的葫芦，每当增添一桩战功，就新增一个葫芦上去）的"太合"（译注：丰臣秀吉原本官拜可上奏天皇的"关白"，于1591年将此位让给养子丰臣秀次后，即成为"太合"。此官位狭义上是指已将原官位让给子弟的前摄政或关白，广义上亦指现任的太政大臣、左大臣，或右大臣），有着灿烂华丽的形象。

笔者也受过同样的教育，因此一谈到"家康"与"秀吉"，总会联想到家康那奸诈狡猾的负面形象。

不过仔细想想，这类刻板印象其实有点奇怪。秀吉的确是个一统天下的武将，而丰臣家在名义上虽延续了秀吉、秀次、秀赖三代，实际上在秀吉一代便形同灭亡。相对的，德川幕府传承了十五代，虽然其间发生了不少事件，但在德川时代毕竟没有爆发任何战争。光就这点，在日本的历史上就已经是个值得大书特书的丰功伟业了。

然而，开创德川幕府的家康却被形容成一只"老狐狸"。

对此，记得已故的作家吉村昭先生曾言："由此可见，即使在明治维新后，明治政府对德川家依然心怀畏惧"。

吉村昭先生认为，推翻了前政权、成为新一代统治者的人，均习惯于抹黑前一代统治者的形象。

"从《鞍马天狗》开始，勤王志士都被塑造成大众英雄，也是同样的道理。"吉村昭先生曾如此说过。看来笔者之所以抱持这种刻板印象，乃是因为自己也是在明治维新后一路延续至今的时代里成长使然。

不知不觉说了这么多开场白。但之所以提起此事，乃是因为创造了甲骨文的"商"，与推翻了这政权的"周"，两个古代中国的王朝之间，也有着类似的关系。

商朝在公元前十一世纪的纣王时期，因过度专注于讨伐沿海各民族，遭周武王乘隙而入，转眼间便告灭亡。

但取代了殷商的周，在记载周朝诸王的政治思想的《书经》（译注：通常称为《尚书》）将商的灭亡原因解释为"庶群自酒，腥闻在上；故天降丧于殷"（人君嗜酒成性，天闻其腥，故失天命。译注：全文为："弗惟德馨香，祀登闻于天，诞惟民怨。庶群自酒，腥闻在上；故天降丧于殷，罔爱于殷：惟逸"）。

《书经》中对饮酒有诸多申诫，例如"祀兹酒"（唯祭祀时方可饮酒）、"德将无醉"（要有酒德，不可喝醉）、"无彝酒"（不可嗜酒）等等。

不过，推翻了商朝的周朝撰写《书经》的用意，毕竟是为了将自己的统治正当化，故书中的一切，可能不尽然全是事实。

其中可以窥见因"天降丧于殷"而亡国的思想。这种将改朝换代视为"天命"的思想，其实也是源自周朝的自我正当化。

因此，将殷商灭亡的原因解释成"庶群自酒"，想必是周朝意图将前朝统治者描述得更邪恶，也可能是对殷商的文化欠缺了解使然。

"酒池肉林"这成语，形容的是殷商的纣王每晚行奢靡宴会，将池中注满酒，在树上挂满肉，使男女赤身裸体，追逐嬉戏。但由于纣王是为周朝所灭的殷商末代君王,故这故事也可能是周朝的统治阶层为抹黑前朝的形象,蓄意加油添醋而成的传说,可信度或许得打点折扣。

总之可以确定的是,周朝似乎不是个嗜酒的民族。若非如此,也不至于在典籍中再三告诫饮酒之害。

由此可见,周朝对殷商灭于"庶群自酒"的说法,似乎不宜全盘采信,但殷商是个常接触酒的社会,则应属实。

【酉】酉 yǒu

代表盛酒的容器，即酒樽。

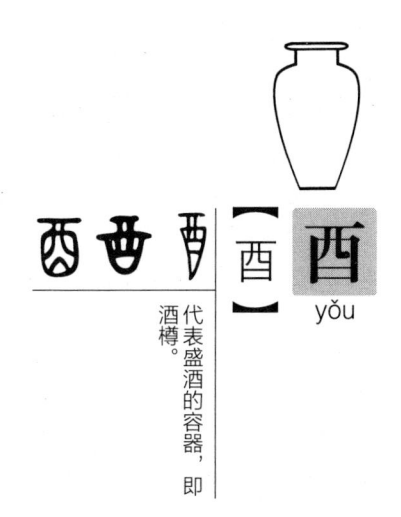

那么，酒在殷商时代有哪些用途？首先，就是用在祭祀、祈祷、辟邪等仪式上。

本书中也曾提及，"女"（注1）和"安"等字的古字中均带有辟邪的酒滴，"社"的原字"土"（注2）的古字中，也含有象征酒滴的笔画。

当然，除了宗教仪式之外，商朝社会在日常生活中应该也有饮酒作乐的习俗。不论殷商是否真因嗜酒而亡国，汉字中与酒有关的文字的确是为数众多。本章将介绍的，就是这些与"酒"有关的汉字都有些什么样的用途。

第一个与"酒"有关的例子，就是"酉"。

"酉"是个代表盛酒的容器，也就是酒樽（樽）的字形。

（注1）参照本书第74页，与"女"有关的说明。
（注2）参照《神秘的汉字1》第31页，与"社"有关的说明。

【酒】酒
jiǔ

"酉"与"氵"结合而成的字形。"酉"即为"酒"的原字。

"酒"是"酉"与"氵"结合而成的字形。但在金文中,"酒"仅写作"酉",可见"酉"便是"酒"的原字。在十二支中,"酉"则代表"鸡"。

在"酉"上方加上一个"八",即成"酋"(酋)。

"八"字有两种不同的意涵。其一便是在本书第十七章"与【古】、【吾】有关的汉字"中曾提及的,与数字"八"同义,形容"将东西分成左右两块"。

其二则是形容"上方有某种气体上升"。此处将介绍的,便是形容"上方有某种气体上升"的"八"。

【曾】 céng zēng

代表蒸煮米饭等食物所用的甑上方冒出蒸汽的字形。由于原指"甑",故含有"曾"的字形皆有"可重叠之物"的意涵。

【甑】 zèng

现今的蒸笼的原型。从此字也可看出,古时的蒸笼是以瓦制成的。

先举几个简单的例子。例如"曾"(曾),就是个代表蒸煮米饭等食物所用的甑上方冒出蒸汽的字形。

从字形也可看出,"甑"本是个瓦制的圆筒状器物,底部有供蒸气排出的孔,也就是今天以竹框为底的蒸笼的原型。

"曾"即为"甑"的原字,原指"蒸笼"。由于是蒸煮米饭等所用的"蒸笼",故有"可重叠之物"的意涵。"曾经"或"似曾"等字义,则是源自假借用法。

【层】層 céng

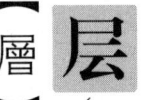

「曾」有「可重叠之物」的意涵。此字亦形容上下重叠的物品。

【酉】酋 qiú

「八」代表酒香飘出。此字形容酒香自酒樽「酉」飘出。

"层"（層）字也含有"曾"，可见这也是个反映"可重叠之物"意涵的字形。

说明了"八"也有"上方有某种气体上升"的意涵后，现在再回到"酋"（酋）字。

"酋"是在代表酒樽的"酉"上方加上一个形容酒香飘出"八"而成的文字。日文训读作"ふるざけ、かしら"（译注：日文汉字写作"古酒、头"，分别为"老酒""首领"之意）等等。

从如今由计算机打出来的字形"酋"，无法看出此字的原义。必须是"酋"，才能看出这"八"的意涵。

古时的中国曾有专门执掌"酒"的官职，称作"酒正"。而此类官职之长则谓之"大酋"。

犹 猶【猶】
yóu
猷 猷

指"酒"酿成后，宰杀"犬"祭神，以征询神意的仪式。

　　殷商多将酒用于祈祷祭祀，"酒正"及"大酋"在"酒"酿成后，会宰杀"犬"为供品祭神，以征询神意。

　　这种仪式谓之"猷（猷）"（犹即"猶"）。此字有"图谋"之意，指供酒祭神，以谋神意。

　　"猷"与"犹"原本不过是将偏旁位置左右对调的同义字，如今日文中，"猷"仅存"图谋"之意，其他的字义都归于"犹"。

　　"犹"通"由"，为"尚且"之意。亦通"诱"，有"诱导"之意。

【尊】尊 尊
zūn

现用的"寸"字下方，但写成的"寸"下方并非古字的单手形容双手而捧着有酒香飘出的神的酒樽"酋"献。

其他还有几个含有"酋"的常用文字，例如"尊敬"的"尊"（尊）便是一例。

这是个在"酋"的下方加上"寸"而成的文字。"寸"代表的是"手"（注3）。

但是由"尊"的古字看来，下方的手，并非仅有单手，而是双手。甲骨文（ ）、金文（ ），及篆文（ ）字形里，都有着一双手。

这代表双手的字形，如今写作"廾"。因此"尊"原本应是"酋"下加个"廾"。

"酋"代表上有酒香飘出的酒樽。而"尊"所形容的，便是以双手捧着"酋"献神。

（注3）参照《神秘的汉字1》第4页，与"寸"有关的说明。

【爵】爵爵
jué

原指祭祀时所用的青铜酒器。

诸侯的爵位分为公爵、侯爵、伯爵、子爵、男爵五等。此处的"爵"字，原本指的是古代中国祭祀时所用的青铜酒器。上方插图所画的便是"爵"。

诸侯的爵位，便是以赐予这名曰"尊爵"的青铜酒樽而定的。因此"尊"字便衍生出"尊敬、尊贵"等字义。

第十九章 与【酒】有关的汉字

【樽】 樽 zūn

木制的「酒桶」。

【俎】 俎 zǔ

左侧代表两块肉片。右侧的「且」代表「砧板」，加上左侧代表肉片的字形，便成了祭祀仪式所用的「砧板」。

此外，酒樽的"樽"，也是个含有"尊"字的字形。

"尊"原本指的就是酒樽，但加上一个"木"而成的"樽"，指的乃是"木制的酒桶"。

除此之外，也有另一个代表木桶或酒瓮的汉字"罇"。

"缶"代表瓮，"罇"则代表"酒瓮"。

不知大家是否听过一个含有"樽"的词——"樽俎"？

这个词指的是酒宴的座席。"樽"代表"酒瓮"，"俎"则代表"盛有供肉的平台"，即砧板。

"俎"左侧两个"人"重叠而成的字形，和"肉"的"冂"中的字形相同，皆代表两块肉片（注4）。

意即，"樽俎"（尊俎）原本代表的是"酒"与"肉"，后来便演变成形容宴席。

（注4）参照《神秘的汉字1》第30页，与"祖"有关的说明。

【循】xún

"彳"代表行于道路上。"盾"此字原意为持"盾"巡行，使人屈从。

【遵】zūn

此字原意为供酒祭神，使人屈从。

再介绍另一个含有"尊"的汉字。

就是形容服从法律或道德规范的"遵守"中的"遵"。

此字的日文读音与字义皆与"循"相近。许慎在《说文解字》中，也将"遵"解释为："循也。""循"是由"盾"及代表十字路口左半侧的"彳"（彳）结合而成的文字。意即，此字的原意是持"盾"巡行，使人屈从。

相对的，"遵"则是"尊"与代表行于道路上的"辶"结合而成的文字。意即，"遵"的原意是持酒樽巡行，也就是"供酒祭神，使人屈从"。

可见"循"代表借武力，"遵"则代表借祭祀，使人屈从。

【醫】 醫 医 yī

繁体字形由「匚」、「矢」、「殳」、「酉」结合而成。古人认为「矢」具有驱除恶灵的法力。「殳」则代表饰有鸟羽的杖矛。古时曾有口喊「エイ」（汉译"诶"）并以杖矛敲打的习俗，同时也会以酒驱除恶灵。

注：日文用力时的壮声语「エイ」，意图借此治疗疾病的习俗。

与"酒"有关的汉字为数众多。而本章将就某些乍看之下没有，但实则含"酉"的文字略作介绍。

第一个就是日文汉字写作"医术"、"医生"的"医"。

"医"是在"匚"之中嵌入一个"矢"而成的字形。对古代的中国人而言，"矢"是个相当神圣的东西，认为它具有驱除恶灵的法力（注5）。

"匚"代表"被包围的场所、被隐蔽的场所"。现今的"医"字，形容的是将驱除恶灵的箭矢置于隐秘之处。

但如此并无法解释"医"与"酒"的关系。故需要验证的，是"医"的繁体字"醫"。

"醫"上半部为"殹"，下半部为"酉"。接下来将说明"酉"（酒）为何会出现在"医"的繁体字"醫"中。

（注5）参照《神秘的汉字1》第99页，与"矢"有关的说明。

"医"（醫）上半部的"殴"，是由"医"与"殳"结合而成的。

"殳"是个代表手持形似"枪"的武器——矛的字形。矛的长度、形状与杖相仿，故也称作"杖矛"。

"殳"上半部的"几"代表"鸟羽"，因杖矛上饰有鸟羽以为咒饰。"又"则代表"手"。

因此"殳"所形容的，是手持饰有咒饰的杖矛敲打某物。

举例而言，"投"字里也有个"殳"，代表此字所形容的，乃是持杖矛驱除恶灵，将不祥的事物"投向"远方。

【殳】 shū

代表手持形似「枪」的武器——矛的字形。矛的长度与杖相仿，为增强法力而饰有鸟羽（几）。

【投】 tóu

由代表饰有鸟羽咒饰之杖矛的「殳」与「扌」结合而成的字形。形容持杖矛驱除恶灵，将不祥的事物投向远方。

殴
yì

（图注：以饰有咒饰的矛敲打时的壮声。辟邪的箭矢。）

以"殳"殴打"医"，即为"殴"。"殴"日文音读作"エイ"，日文训读作"ああ"。

左侧的"医"代表被置于隐秘之处的驱邪用"矢"。故此字所形容的，是口喊"エイ"（译注：日文用力时的壮声语），以饰有鸟羽咒饰的杖矛敲打"矢"的仪式。"殴"的原意，便是形容此时的壮声语"エイ"。

由此可见，古人认为巫师借口喊"エイ"或"ああ"，以饰有咒饰的杖矛敲打具法力的"矢"，便可为人治病。此即为古代的医术，当时的人认为，所有疾病均是因恶灵肆虐而产生的。

而这种仪式也会用到酒，故又加上了"酉"字。古人认为酒也具有辟邪、辟凶的法力。

此外，由于在古时的中国是由巫师进行医疗的，故"医"的古字并不是由"殴"与"酉"的结合，而是下半部是个"巫"的"医"。

被放置于隐秘场所的辟邪用"矢"、饰有咒饰的杖矛"殳"、边喊边敲打的巫师，再加上具辟邪法力的酒。

用尽上述的巫术手段驱除恶灵、治疗"疾病"的古中国医师（巫医）的实际性质，自"醫"及"毉"字便可清楚窥见。

【配】 配 pèi

配酋彰

形容跪坐于酒樽之前,接受配膳。

接下来,再介绍一个和"酉"有关,且相当常用的文字——"配"。

这是个由"酉"与"己"结合而成的文字。由"配"的甲骨文（酋）和金文（酋）字形可以看出,此字的右侧原本非"己",而是"卩"。"卩"是个代表人体跪坐的字形。

故"配"的原意,是跪坐于酒樽之前,接受配膳。说得更具体些,就是酒器与人的结合,将酒器分配给跪坐者之意。

由于"配"形容的是"酒器"与"人"的结合,后来又扩大到形容"男""女"配对,并衍生出"めあわす"（译注:日文汉字作"妻す""娶す",为"许配"之意）的日文训读。"配偶"一词也源自这个字义。

即 【即】
jí

"皂"为一种食器。加上代表人体跪坐的"卩",便成为形容人跪坐于食器之前的字形。

最后,再来介绍三四个与"配"有关的文字。

首先是"即"与"卿"。

"即"的古字写作"卽"。

"卽"由"皂"与"卩"结合而成。"皂"是一种食器"簋"的原字。上图上方的插画,即为青铜器的"簋"。

【食】食 shí

食 畠

代表食器「皀」上方加上一个盖子的字形。

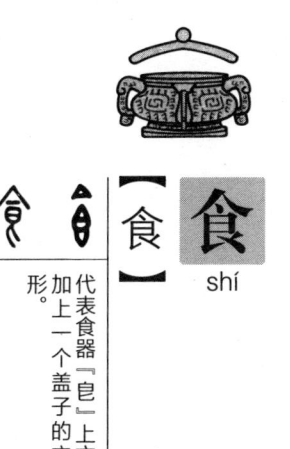

此外，在食器"皀"的上方加上一个盖子，便成为"食"字。

"皀"加上"卩"为"即"（卽）。可见"即"是个形容人跪坐于食器之前的字形。

自此衍生出于饭桌就座的字义。后来不仅限于饭桌，又扩大到泛指一切"就座"。

日文中的"即席拉面"（译注：也即"泡面"）的"即席"，原本就指"就座"。后来指涉范围从"就座"又扩大到形容"当场"，又进一步演变为"当场做某事"，最后演变为"即刻"之意。

在配有酒器的酒席就座，谓之"配"。在食器前或饭桌就座，谓之"即"。而"卿"（卿）、"乡"（鄉）两字，也和在饭桌就座有关。

【卿】 qīng

代表两人相对而坐的字形。"皀"则是一种食器。形容两人面向食器、相对而坐。原意为在飨宴中用餐。

"卿"（卿）字乃"卯"字中央嵌入一个"皀"而成。"卯"是个代表两人相对而坐的字形。"皀"则是一种食器，故此字是形容两人面向食器、相对而坐的字形。

故"卿"的原意，便是在飨宴中用餐。意即"卿"代表受邀参加飨食者的身份，后来演变成对地位尊贵者的尊称。

[鄉] 鄉 乡
xiāng

此字也是形容两人面对「皀」而坐，于飨宴中进食的字形。「皀」以外的左右两侧，其实皆为「邑」字的变体。

从"卿"(卿)字又衍生出"飨"(饗)字与"乡"(鄉)字。这三字本为同字。

比较"乡"的古字（ ）与"卿"的古字（ ）便可清楚看出，这两字本是同一个字。

"乡"(鄉)也是个中央嵌有"皀"字，形容面对面的两人一同于飨宴中用餐的文字。因此"乡"原为"面对"之意。白川静先生推测，或许这与乡民代表参政，也需要出席飨宴有关。

"乡"(鄉)字中央的"皀"以外的左右两侧，其实皆为"邑"字的变体。"卿"的领地谓之"乡"，故后来又基于这领地的意涵，而在"皀"的两侧加上"邑"，造出了"鄉"(鄉)字。

【饗】飨 xiǎng

由甲骨文及金文字形可以看出，此字与"卿"、"乡"本为同字。

由"飨"（饗）字的甲骨文及金文字形应可清楚看出，此字与"卿"（卿）、"乡"（鄉）本为同字。

以祭祀供品的肉与酒招待宾客之礼，谓之"飨礼"。由前文曾提及的"樽俎"也可看出，酒与肉在古代中国的大型宴会里，是不可或缺的必需品。

【響】響 响
xiǎng

響
形容两人面对面，相互发出声响。

此外，形容两人面对面的，不仅有"乡"（郷）字，还有"交响曲"的"响"（響）字。

"响"的原意，是两人面对面，相互发出声响。

在本章的结尾，望能补述一点。

本章之初曾经提及，周朝为使自己的统治正当化，可能曾蓄意抹黑前朝殷商的历史。或许有读者会认为，笔者对周朝较不包容，对创造汉字的殷商较有好感。

笔者虽无此意图，但为了厘清读者这方面的疑虑，认为在此应对此略作补充。

其实，周朝在文字方面也有不小的贡献。他们并未废除前朝殷商所创造的文字，而是将其全盘继承，并以其撰写文章。后来中国的每个朝代，都沿袭了这个传统。

在中国漫长的历史中，虽曾有许多

朝代兴衰更迭，但每个王朝都将"汉字"的传统延续了下来。正因如此，中国的历史才能保有连绵不绝的完整性。

在日文中导入汉字，以记录自己的语言的现代日本人，也和承袭了汉字悠久传统的中国历史紧紧相连。

周朝于公元前十一世纪继承了殷商的文字，如今日本人在移动电话中输入文字简讯。两者虽相隔三千多年的漫长时光，其实仍是一脉相连的。因此，现代的日本人看到书中介绍的甲骨文与金文等三千多年前的古字，只要稍加说明，便能轻而易举地理解这些文字。

这文化上的联系，既教人惊讶，也让人感动。

第二十章 与【郁】（鬱）有关的汉字

"郁"（鬱）这个字，你可会写？

老实说，自从初次看到"郁"这个汉字，笔者就很想把这字学会，曾下过功夫勤练过好几回。

起初都学会怎么写了，但过一阵子便开始运笔不顺，不出多久又忘了这个字该怎么写。

这种过程不知重复过几回。但在透过白川静先生的汉字学了解了"郁"字的原意后，写起这个字就不再那么费劲了。

白川静先生常说："汉字并不难，无须一一牢记。只要用对方法学习，汉字就能自然而然地进入大家的脑海里。"笔者在学习"郁"字的过程中，就验证了这个道理。

鬯 chàng

代表将带香气的「郁金草」浸入酒壶内的字形。「凵」代表容器，而「凵」中类似「米」的字形代表「郁金草」，下方的「匕」则代表酒器的支架。

　　本章的标题虽是"与【郁】有关的汉字"，但其实和"郁"相关的汉字除了"郁"之外也仅只一个。故本章的性质可能较接近前一章"与【酒】有关的汉字"的续篇。但基于笔者对"郁"字的特别情感，还是决定将此独立为一章。

　　在说明"郁"字之前，应先针对此字中所包含的"鬯"字略作说明。

　　"鬯"是个代表将带香气的"郁金草"浸入酒壶内的字形。从上图的古字应可看出个大概。

　　"鬯"字中的"凵"便代表容器，而"凵"中类似"米"的字形便代表"郁金草"，下方的"匕"则代表酒器的支架。

　　浸有带香气的香草"郁金草"的香酒称作"郁鬯"。故"鬯"兼具"香草"及"香酒"之意。祭祀时所用的酒，就是这种带香气的香酒。

【鬱】鬱

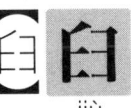

郁 yù

形容以郁金草酿制的"鬯"，加上"彡"、"冖"、"林"与"缶"而成的文字。

【臼】臼 jiù

代表左右两手相对的字形。

现在再回到主题的"郁"字。

"郁"（鬱）是个由"鬯""彡""冖""林"，与"缶"结合而成的文字。

如前文所述，"鬯"是个形容以"郁金草"酿酒的字形。"彡"是个形容色彩、声音或气味增强的拟态符号，"冖"代表覆盖顶端，"缶"则如前一章所述，代表"瓮"。

至于"林"的部分，原本作"臼"，结合成的是另一个字"鬱"。不过在金文中，"鬱"与"鬱"是被当作同义字使用的，看来这两个字几可被视为同一字。"鬱"字中的"臼"，是个代表左右两手并排的字形。

由此可见，"郁"（鬱）形容的是双手持瓮，将以香草及酒酿成的鬯加盖密封，待时日一到，就能成为香气四溢的香酒。

如今手写"郁"字时，笔者会先写出最重要的"鬯"，接着于其右写出形容"鬯"香气四溢的"彡"，于其上加个盖子"冖"，再于顶端写上代表"瓮"的"缶"，最后再于"缶"的左右写上原本写作"臼"的"林"，就成了"郁"（鬱）字。

第二十章　与【郁】（鬱）有关的汉字

263

鬱 [鬯] yù

"郁"的原字。形容双手持瓮，将以香草酿成的鬯加以盖密封，能及酒酿成的鬯加以盖密封，等待时日一到，就能成为香气四溢的香酒。

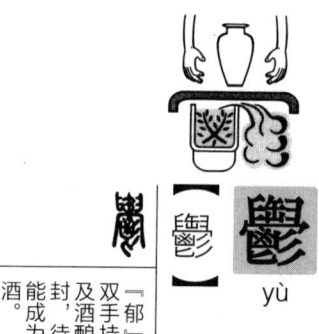

由于"郁"字今多用于"忧郁"等词中，故应该会让许多人联想到"阻塞、郁闷、担忧"等意涵。

但"郁"的原意是"酿香酒所用的香草——郁金草"。这点还请大家务必熟记。

酿造香酒须将鬯封入瓮中加盖，并等待其成熟，故又衍生出"阻塞、封闭、蒸熟"等字义。

此外，由于上方有"林"与"缶"，故"郁"也有"苍郁"等形容"树木繁茂"的字义及用法。白川静先生表示，这也是个衍生自酿造"郁鬯"时需要"固密郁闭"的字义。

"郁盛"为"繁盛"之意。"郁积"形容"闷在心里"。一个是"繁盛"，另一个是"郁闷"，"郁"在两个词里的语感似乎正好相反。

但在知道"郁"原本代表的是为瓮中的鬯加盖使其成熟，以酿

【卣】卣 yǒu

一种带提环的葫芦酒器。

成香酒"郁鬯"之后，应该就能发现两者之间其实并不矛盾，因为两种用法都是源自前述的"固密郁闭"。

"郁鬯"是迎神仪式使用的"香酒"，平时被储存在名曰"郁壶"的酒壶里。在古代的中国，曾有一种专司管理"郁鬯"的职位，称作"鬯人"或"郁人"。

而当时似乎也有地位高者将"郁鬯"盛装在一种名曰"卣"的酒器中，以赐予地位低者的习俗。卜辞中有"鬯六卣"等词句，看来香酒是连同酒器一同赠予的。

如前一章所述，"尊"指的是酒器——酒樽。

"卣"便是一种带提环的葫芦酒器。最早是将葫芦挖空制成的，后来改以青铜铸造，有许多造型华丽的"卣"残存至今（参照上图插画）。

【彝】
彝
yí

形容以双手扼毙鸡只的字形。

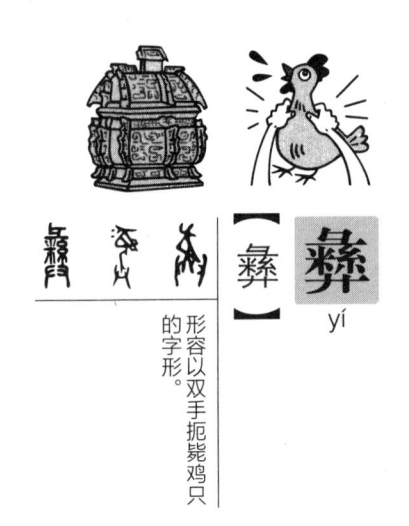

除此之外,还有许多不同种类的酒器。在此选择几种略作介绍。

首先是"彝"。

白川静先生常举此字为例,证明许慎的《说文解字》的偏狭与谬误。

《说文解字》将"彝"解释成一个由"纟""米"及"廾"结合而成的会意文字。但由其甲骨文( )与金文( )字形来看,完全不是这么回事。

其实"彝"是个形容以双手扼毙鸡,再以其血净化祭器的文字。金文字形中的鸡甚至被画成了吐血状。

《神秘的汉字1》第十二章"与【犬】有关的汉字"中曾经提及,"就"是个形容城门落成时宰杀犬,泼洒其血以净化其地的文字。而"彝"也是个反映类似逻辑的汉字。

只要参照其甲骨文及金文字形，大家都能清楚看出"彝"其实和"糹"、"米"根本毫无关系。

"糹"的甲骨文字形为"𢆶"，金文字形为"𢇁"，其实是"丝"的古字。"米"的甲骨文字形则为"󰀀"，是个代表结有"实"的稻穗"禾"的字形。

而"彝"的甲骨文及金文字形中并没有这些元素。可见汉字自诞生以来，随时代屡生变化，到了许慎编写汉字圣典《说文解字》的公元100年左右，许多字已难以追溯其原本的字形与结构。

"彝器"被当作供奉于宗祠（祖庙）内的祭器的总称。可见它是个极具代表性的青铜酒器（参照左页上方插画）。

【爵】爵
jué

仿青铜酒器之形的象形文字。

接下来要介绍的是"爵"字。

前一章业已提及，公爵、侯爵、伯爵、子爵、男爵的"爵"，原指一种盛酒的青铜器。

而"爵"便是个仿此青铜器之形的象形文字（参照上方插画）。

远古时期，下赐爵酒似乎曾是一种恩赐，后来才演变成五等的爵位制度。

想必刚开始只需对有功者嘉勉一句"做得好。赏你一杯"便可，后来才演变成"你的功绩比某某人要高出几等"的论功行赏制度，并为此制定等级。总而言之，"恩赐"的等级是依酒器"爵"赐予的。

"爵"字日文训读作"さかずき"（译注：日文汉字作"杯"或"盃"，为酒杯之意）。

【酬】 醻 酬
chóu

主人再次向宾客回敬酒的礼仪。

现在，再来谈谈"应酬"等词中的"酬"字。"酬"也是个含有代表"酒"的"酉"的文字（注1）。

"酉"加上"州"即为"酬"。而此字的原字为"醻"。

《诗经》中有句"献醻交错"。若改以今天的用字，"献醻"应写作"献酬"。

"献""酬"，再加上"酢"的"獻·醻·酢"，统称"三爵"。

三者均是把"酒"交杯的用词。主人向宾客敬酒谓之"献"，宾客向主人回敬酒谓之"酢"，而主人再次向宾客回敬酒则谓之"酬"。

这种敬酒之礼便称作"应酬"。因此"应酬"的原意是此类"酒礼"，而非以言语彼此致意。"酬"之所以有个"酉"，便是出于这个典故。

可见"献酬交错"所形容的，其实就是现代的我们在宴会上相互敬酒的光景。

（注1）参照本书第241页，与"酉"有关的说明。

【獻】献 xiàn

原指主人向宾客敬酒之礼。左下方的"鬲"为一种三足蒸酒器,故此字亦指宰杀犬只以净化鬲的仪式。

主人向宾客敬酒为"献",宾客向主人回敬酒为"酢",主人再次向宾客回敬酒则为"酬"。此三礼统称"三爵"。不愧是个重视酒礼的国家,每个礼仪行为都有个相对应的词语,教人对古代中国的文化油然起敬。

从如今大家将向逝者举杯敬酒称作"献杯",不难看出"献"与"酒"的关系是何其深厚。

接下来，再针对形容宾客向主人回敬酒的"酢"略作说明。

《诗经》中有句"或献或酢"。一如前文提及的"献酬""应酬"，宾客向主人回敬酒称作"酢爵"。由于代表回敬，故"酢"也有"报酬、报答"之意。

此外，"醋"由于读音与"酢"相同，"醋"字也有同样的意涵。

"酢"与"醋"右侧的"乍"与"昔"，皆有"时间流逝"之意。"酒"酿得过久而变酸，称作"酢败"，故衍生出"酸醋"的字义。

现在再回到本章之初提到的"鬯"，并介绍"灌鬯"一词。

"灌"有"注入、浸泡"之意。使用此字的常用词语有形容引水浇田的"灌溉"等。

此外，还有形容以水浇头顶的"灌顶"一词。这既是佛教密宗接受阿阇梨授法时的仪式，也是印度国王即位时，以四大海之水灌顶之礼。扫墓时向坟墓浇水，也称作灌顶（译注：仅日本有此习俗）。

至于"灌""鬯"（香酒）组合而成的"灌鬯"，意指以勺子浇淋鬯酒、净化仪式场地的"灌鬯之礼"。此外，也有为招徕地灵而向大地浇淋鬯酒的"灌地之礼"。

【酢】 zuò cù

指宾客向主人回敬酒。由于代表回敬，故有"报酬、报答"之意。

【灌】 guàn

原意为「注入」、「浸泡」，祭祀时浇淋鬯酒也称作「灌鬯」。

【敢】
gǎn

将以勺子浇淋鬯酒、净化仪式场地的"灌鬯之礼"的行为文字化而成的象形文字。

日常生活中常用到的汉字里，也不乏与这"灌鬯之礼"有关的文字。

"敢"就是一例。

"敢"的金文字形，就是将以勺子浇淋鬯酒、净化仪式场地的"灌鬯之礼"的行为文字化而成的象形文字。由于此字无法被拆解为数个独立要素，故白川静先生将之归类为象形文字。

意即，浇淋鬯酒以迎神，便谓之"敢"。

由于此礼需要戒慎恐惧地进行，故此字有"恭谨"之意。又由于这庄严的仪式需要鼓起勇气戒慎恐惧地进行，故又有"大胆"之意。下定决心执行原本教人恐惧的事的"敢于"之意，应该是个转义用法。

【严】(嚴) yán

由"敢"、"厂"(厂)，及两个"口"(ㅂ)结合而成。"厂"形容物体形状峭立，故"严"指"山崖"。"严"指庄严且谨慎恐惧地在山崖摆放复数的盛装祝告文的容器"ㅂ"灌鬯迎神。

由"敢""厂"，及两个"口"（ㅂ）结合而成的"严"（嚴），也是个和灌鬯之礼有关的字。

"厂"是个形容物体形状峭立的字。例如含有这个字形的"颜"代表峭立的"额头"，"严"指的则是"山崖"。

庄"严"且谨慎恐惧地在被视为神明居所的山崖，摆放复数的盛装祝告文的容器"ㅂ"灌鬯迎神，便谓之"严"。

岩 [巖] yán

举行仪式『严』的山崖称作『岩』。这种山崖自古便常被视为圣地。

举行这种仪式的山崖便称作"岩"(巖),为"高山、岩石"之意。这种山崖自古便常被视为圣地。

不过从"岩"的金文字形()来看,其中并没有代表山崖的"厂",而是有个代表屋顶、形容"庙宇"的字形。由此金文字形分析,此字原意应是指在庙宇中,庄严且谨慎恐惧地行灌鬯之礼。

灌鬯之礼为迎神仪式中最庄严肃穆者。行此礼时,须于屋顶摆放盛装祝告文的容器"ㄩ"。由于屋顶为神明往来之处,故在招魂仪式中,也须有人登上屋顶挥舞衣物。

想必古人认为盛装祝告文的容器"ㄩ"越多效果越好,故某些"岩"的金文字形(),在象征屋顶的部分写有较现用此字形多一个"ㄩ"。

在《神秘的汉字1》第四章"与【示】有关的汉字"中,曾说明"社"的原字为"土",而某些"土"的古字还添了些许水滴。"土"是个形容将椭圆形的土堆置于台座上,以象征神社之神的文字。由古字可以看出,祭祀此神时亦须行灌鬯之礼。

[興] 兴

xīng
xìng

甲骨文字形在酒器"同"的周围画有四只手,形容一种上以双手持、下以双手捧的酒器"同",'双手灌酒于大地以召唤地灵的仪式。

现在,再介绍另一个与"灌鬯之礼"有关的重要汉字——"兴"。

"兴"(興)是由"同""臼"与"廾"结合而成的字形。"同"代表一种叫做"同瑂"的酒器,用以盛酒。在祭典中行灌鬯之礼时,便是以"同"作为盛装浸泡香草之香酒——郁鬯的酒器。

"臼"与"廾"皆为象征左右手并排的字形,意指以双手持或捧某种物体。

"郁"的原字"鬱",上半部代表以双手"臼"持"缶",但"兴"的上半部则无"缶",而是以"同"取而代之。

而"兴"的甲骨文字形,则是在酒器"同"的周围画有四只手。

【同】tóng

周朝曾有天下诸侯齐聚一堂拜谒天子的礼仪，谓之「会同」。由于诸侯悉数以叫做「同」的酒杯行此礼，故衍生出「相同」的字义。

此字所代表的，是一种上以双手持(臼)、下以双手捧(廾)的酒器"同"，灌酒于大地的仪式。

将浸泡香草的香酒——郁鬯灌于大地，以召唤地灵的仪式，便称为"兴"。

由于此仪式可唤醒地灵，此字便被用来泛指一切的"兴起、兴旺、兴盛"。

最后，再介绍一个和"兴"有关的文字——"衅"（釁）。

这个字相当复杂难写，大家只需理解其构造便可。

日文汉字写作"釁"是个由将酒器"卣"颠倒过来的"冃""臼""冖""酉"及"分"结合而成的字形。此字中的"分"代表的是"人体侧面"，也就是一个"人"。

意即，"衅"形容的是以双手倒捧盛有浸泡香草的香酒——郁鬯的"卣"，将酒灌向人的头顶。

[釁] [釁] 衅
xìn

形容以双手捧盛有浸泡香草的香酒的"卣",将酒灌向人的头顶的文字。指以卣酒灌之,以净化人。

以卣酒灌之以净化人,乃"衅"字的原意。这种行为称作"衅礼",又称"衅沐"、"衅浴"。

家喻户晓的"管鲍之交",叙述的是管仲与鲍叔牙这对挚友的故事。在此将针对故事里提到的"衅"略作介绍,为本章做个总结。

"管鲍之交"是个形容"交情深厚的友谊"的成语。在中国春秋时代,有管仲与鲍叔牙这对自年轻时便形同莫逆的好友,鲍叔牙在管仲穷困潦倒时,从不吝于伸出援手,后来还推荐管仲担任齐国的宰相。管仲曾以"生我者父母,知我者鲍子也"赞许鲍叔牙,两人的友谊终生不辍。

提及"衅"的故事,发生在管仲担任齐国宰相之前。

管仲原本辅佐齐国的公子纠,并随其亡命鲁国。鲍叔牙则辅佐公子纠之弟公子小白(后来的桓公)。当时齐国爆发内乱,同样亡命他国的桓公见状,赶紧动身返回齐国。

公子纠也同样急着赶路返国。侍奉公子纠的管仲为阻止桓公归返，特地埋伏途中，朝桓公放箭。管仲拉弓一放，箭立刻射中了桓公的肚子……

但这支箭并没有夺走桓公的性命。箭头射中了桓公的金属腰带扣"带钩"，就这么把箭给挡了下来。这就是有名的"射钩"的故事。

后来管仲兵败被捕。鲁国的庄公欲杀管仲，齐国却遣来使者要求"桓公欲自行处断，先别杀他"。

管仲被押解至齐国边界时，使者将管仲松绑，为其"三衅三沐"，接着鲍叔牙便现身相迎。

遣使要求欲将管仲活着押解回国，其实是鲍叔牙的点子。而管仲被押解至国界时，桓公也与鲍叔牙一同现身出迎。眼见桓公对曾以冷箭暗算自己的仇人如此宽大，管仲大为感动，鲍叔牙也辞去宰相之职，力荐管仲接任。得到管仲的辅佐后，齐桓公便成为春秋时代的第一位霸主。

至于文中提及的"三衅三沐"，究竟是什么样的行为呢？

白川静先生在《中国古代民俗》一书中，曾引用韦昭对此的注释："以香涂身曰衅，抑或为熏。"

意为，"三衅三沐"乃死者入殓前，为其清洗遗体的仪式。"熏"则是指以香草镇住腐臭。

白川静先生据此推论，先为抵达国界的管仲"三衅三沐"，再现身出迎，乃是一种先象征性地将沦为俘虏的管仲下葬，再赋予其新生迎接回国的礼仪。

支持白川文字学不遗余力的作家宫城谷昌光先生，著有长篇小说《管仲》。书中，宫城谷先生将"三衅三沐"的场面描写为："鲍叔牙为管仲抹香三回，沐浴三回。"

可见"衅"也如同"兴"，是一种召唤神灵、赋予其新生的仪式。

第二十一章 与【游】有关的汉字

白川静先生最喜欢的汉字,就是"游"字与"狂"字。

年届八十时,白川静先生曾出版一本题为《文字游心》的随笔集。该书的第一章开头,就是解析"狂"字的《狂字论》。

多达百页的《狂字论》内容相当长。在《文字游心》的后记中,白川静先生提及自己"已届无暇再悠闲游荡的年纪,便迅速地写下了这《狂字论》"。看来这百页的长篇大论,不过是"两三下就写出来的"。由此可见,白川静先生的知识、文笔、精神、体力,是何其教人钦佩。

"已届无暇再悠闲游荡的年纪"这句话也与书名中的"游心"两字相互呼应,教人得以一窥白川静先生特有的幽默性情。

《文字游心》其实是第二本随笔集。第一本随笔集《文字逍遥》于白川静先生七十七岁生日前后出版，第一章开头便是《游字论》。书名《文字逍遥》，应是受白川静先生最喜爱的中国战国时期思想家庄子的《逍遥游》所影响。

　　在这篇文章里，白川静先生毫无隐藏地写出了他对"游"字的喜爱。

　　至于"狂"字，在本书第一章"与【王】有关的汉字"中已经介绍过，故在此将利用本书的最后一章来谈谈"游"字。

　　不过本章将介绍的，是包含"游"字在内的一系列含有"㫃"字的文字，故或许以"与【㫃】有关的汉字"为章名较为合适。但有鉴于白川静先生对"游"字的热爱，笔者还是决定以此作为本章的章名。

【㫃】yǎn

代表旗杆与别在杆上的风幡。

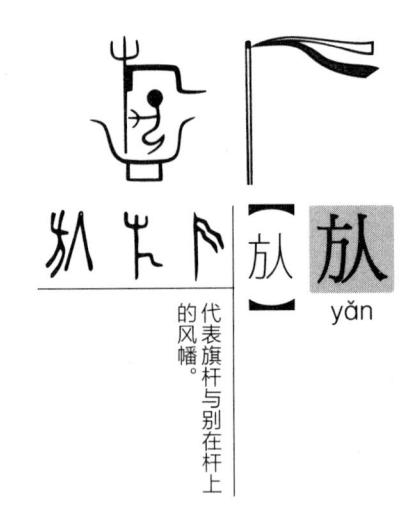

现在将从系列文字的介绍开始谈起。至于白川静先生对"游"字为何如此痴迷，则将留待最后再解释。

第一个字是"㫃"。由甲骨文等古字字形便可看出，此字代表的是旗杆与别在杆上的风幡。

但比起这个写法，此字较常被写成将"斿"去掉"子"的"𠆢"。

上图左侧为此字的金文图像（并非文字，比较接近符号）。在这图像中，有一个人举旗跪坐在某种大盘子上。去掉图像中的盘子，仅剩下人与旗子的字形便是"斿"。而从"斿"符合的图像中去掉"子"，便是形容旗子随风飘扬的"𠆢"。

【斿】yóu liú

形容人手持旗子的字形。为「遊」与「游」的原字。

大家记住这些后，现在再回头解释"斿"。上图列举的数种"斿"的古字，均为形容人手持旗子的字形，画成图像应如上方的插画。

可见"斿"是个由"㫃"与"子"结合而成的字形。此字即为"遊"与"游"的原字。

由于古时的中国人认为氏族旗上有祖灵依附，故离开自己所属的聚落出游时，会携带氏族的旗子随行。

携带或高举氏族旗出巡，谓之"斿"，亦作"遊"或"游"。

"遊"与"游"均有"游玩"或"出游"的意涵，但并不是指人的，而是神明的"游玩"。由于氏族旗"㫃"被视为有神灵依附，故"遊"或"游"的原意均为神明"出游"。

遊 游 yóu

"斿"与"辶"结合而成的字形。原指神明出游,故此字有如神明般自由行动之意。

如前文所述,"游"(遊)乃是由原字"斿"与代表行于道上的"辶"结合而成的字形。由于原指神明出游,故"游"(遊)有如神明般自由行动之意。也因为是形容神灵随氏族旗游行,故亦可形容如神明般自在移动。后来又扩大为泛指人依自己的喜好自由行动。

【游】游 yóu

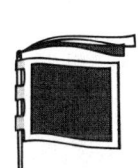

「斿」与「氵」结合而成的字形。原指水神过河,故既有「遊玩、遊行」的意涵,又有「游泳」之意。

【旗】旗 qí

「㫃」与「其」结合而成的字形。指四角形的物体,「其」在此字中指四角形的旗子,也就是军旗。

"斿"与"氵"结合而成的"游",原指水神过河。故除了"遊玩、遊行"之外,也有"游泳"之意。

虽然有上述差异,但"斿""遊"与"游",原本其实可被视为同字。

接着,先暂时放下"斿""遊"与"游"这系列文字,介绍与"㫃"有关的一系列文字。

第一个就是"氏族旗"中的"旗"字。此字在《神秘的汉字1》的第十四章"与【其】有关的汉字"中也曾介绍过,是个由"其"与"㫃"结合而成的字形。含有"其"的汉字皆有"四角形、方形"的意涵。

例如"象棋"的"棋"所代表的,就是四角形的象棋棋盘。

"旗"是由"㫃"加上"四角形的旗子"结合而成的字形,代表"旗帜",尤其是"军旗"。

由于"军旗"竖立于军队指挥官所在之处,故立旗处称作"旗下",即大将旗帜之下,亦指本阵、本营。

"旗帜鲜明"的"帜"代表"长条旗",故"旗帜"指的是"军旗"。因此"旗帜鲜明"这个成语,形容的是态度或立场清楚鲜明。

在江户时代的日本,有一种将军直属的武士称为"旗本"。这称谓亦是源自战场上大将旗帜之下,也就是本阵的意涵。

后来餐馆或酒馆外也立起了"旗"作为招牌。"旗亭"指酒馆或餐馆,"酒旗"则指酒馆为吸引来客而立起的旗帜。

【族】zú

"扩"与"矢"结合而成的字形。"扩"有"立誓"之意,动作代表"折矢"之意,故此字代表全族人于氏族旗下集合,在"旗"下折"矢",以立誓印证自己身为氏族的一员。

　　至于"扩"字,在《神秘的汉字1》第十三章"与【矢】有关的汉字"中业已介绍过。

　　"矢"的日文训读也可读作"ちかう"(译注:日文汉字亦可写作"誓う",发誓之意),可见折"矢"的动作即为"誓"。"矢"与"扩"结合则成"族",代表全族人于氏族旗下集合,在"旗"下折"矢",以立誓印证自己身为氏族的一员。

　　在本书第十七章"与【古】、【吾】有关的汉字"中,曾介绍过一句"干吾王身"(意为"保卫王室")。其实在"干吾王身"之前,还有"以乃族"三个字。

　　意即,全文应为"以乃族干吾王身","乃族"指"氏族军",全文的意思是"率领全族军队保卫王室"。可见"族"的原意,其实是"氏族的军队"。

【旅】lǚ

由「𠂉」与「从」结合而成的文字。「从」代表「众人」,为「斿」字的复数形态。全字指高举旗帜,使众人随行出巡。

现在,再来介绍其他几个与"𠂉"有关的汉字。

首先是"旅"。

这是个由"𠂉"与"从"结合而成的文字。"𠂉"代表"旗",至于"从"的部分,从古字的字形来看,可能较有助于理解。

"从"是个形容面向左方的人体并排的文字,也是"从"的原字(注1)。

"旅"字里的"从"代表"众人"。意即,"旅"其实可被视为"斿"字的复数形态。

因此"旅"形容的是高举旗帜,使众人随行出巡。原意并不是现代认知中的"旅行",而是军旅的"行军"。

在本书第十六章"与【辰】有关的汉字"中,曾提及连队之上、师团之下的编制单位为"旅团",可见"旅行"的"旅"也有军旅、军队的意涵。

说明了"旅"的"𠂉"以外部分,实为代表两个人的"从"的变体字之后,现在再顺道介绍几个与代表三个人的字形有关的文字。

【眾】众 zhòng

下半部的"㐺"横向代表"三个人"。"目"在甲骨文字形中写作"口",象征都市外墙的字形,"口"下所容的,乃是全字都市中人口众多。

第一个是"众"。

"众"（眾）字里的"㐺",原本代表的就是"三个人"。从异体字"乑"来看,应该较为清楚。

古字更是清楚地画出了三个人并排的模样。"众"（眾）其实是横向的"目"与"三个人"结合而成的文字。

横向的"目"在甲骨文字形中写作"口",乃象征"邑（都市）之外墙"的字形。在代表都市外墙的"口"下加上三个人便成为"众",意指都市中人口众多,故有"众多"之意。

"众议"指"众人的评议","民众"则指"民间的众人"。

（注1）参照《神秘的汉字1》第20页,与"从"有关的说明。

【聚】jù

「取」原指战场上割取死去敌人的左耳的"聝耳"习俗,象征三个人的"乑"则代表"众人"。由于此字原意应为"搜集许多左耳",故衍生出「聚集」的字义。

再介绍一个含有代表三人的字形"乑"的文字。

那就是丰臣秀吉在京都建造的豪华宅邸"聚乐第"中的"聚"。

这是个由"取"与"乑"结合而成的文字。

一如《神秘的汉字1》第一章"与【手】有关的汉字"中所解释的,"取"是个源自战场上割取死去敌人的左耳的"聝耳"习俗的文字。

当时以所搜集的左耳数目计算战功。由于原意为在战场上搜集大量的左耳,故衍生出"摘取"的字义。

象征三个人的"乑"代表"众人",故白川静先生推论,"聚"的原意应该也是"搜集许多左耳"。由此又衍生出"聚集""聚落"等字义。

"聚乐"意指"聚集乐趣","聚落"则指"人群聚集的都市",也就是"京都"。"集落"意同"聚落",形容的也是人群聚集之处。

【也】 也 yě

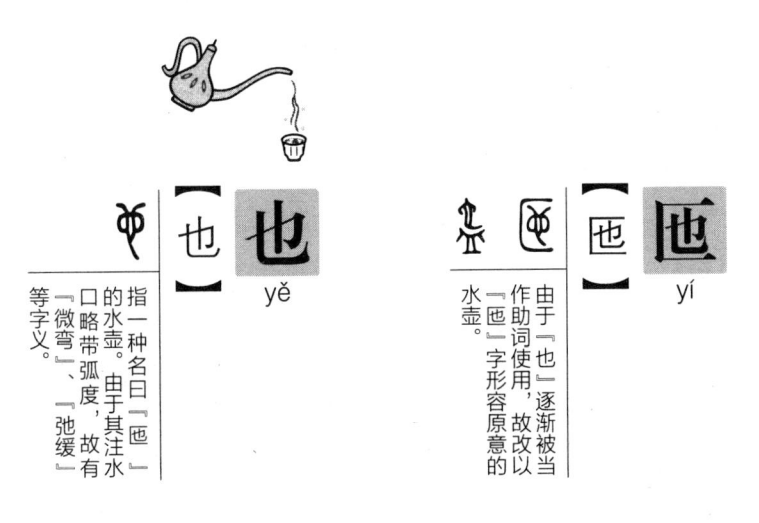

指一种名曰「匜」的水壶。由于其注水口略带弧度，故有「微弯」、「弛缓」等字义。

【匜】 匜 yí

由于「也」逐渐被当作助词使用，故改以「匜」字形容原意的水壶。

接下来是"施"字。

"施"是个由"㫃"与"也"结合而成的文字。"也"是个代表一种名曰"匜"的水壶的字形。

由于"匜"的注水口略带弧度，故有"微弯"之意。因此"也"亦有"弛缓"的意涵。

【弛】chí

形容弓弦于放箭后的松弛状态。

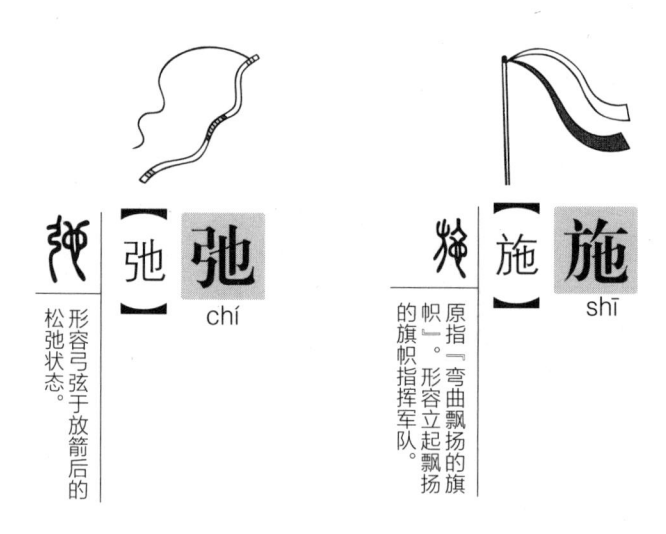

【施】shī

原指「弯曲飘扬的旗帜」。形容立起飘扬的旗帜指挥军队。

"弛缓"的"弛"也含有"也"字，可见"弛"所形容的是弓弦于放箭后的"松弛"状态。

后来由于"也"逐渐被当作助词使用，故又造出了"匜"字，以形容原意的水壶。

现在再回到"施"字。

"𣃸"代表"旗帜"，"也"则形容"微弯"。因此"施"所代表的是"弯曲飘扬的旗帜"。立起飘扬的旗帜指挥军队，便谓之"施"。

故此字又有"施令"、"施行"等字义。

白川静先生也认为，由于此字也有"施压"之意，故"施行"一词应是源自"施压下令"。

【旋】 xuán xuàn

「𣑗」代表别在杆上的风幡。「疋」代表腿部从膝盖到脚掌的部分。故此字原指挥『旗』下令士兵转向回头，也就是收兵。

【疋】 pǐ

代表腿部从膝盖到脚掌的部分。

"旋"也是个含有"𣑗"的文字。

这是个由"𣑗"与"疋"结合而成的文字。如前文所述，"𣑗"代表的是别在杆上的风幡。

在《神秘的汉字1》第二章"与【足】有关的汉字"中也曾提及，含有"足"的文字多以"止"为基础。在"止"的顶端加上一个"口"，即成"足"字。古字写作"𤴓"。

"疋"的古字（𤴓）与"足"几乎相同。可见"疋"所象征的，是腿部从膝盖到脚掌的部分。

古时的中国以"旗"与"鼓"指挥军队进退。挥旗下令士兵转向回头，也就是收兵，便是"旋"的原意。

"旋"本指士兵随司令官的指挥旗转向收兵，但今多用来形容"绕着圆轨转动"，例如"旋绕"或"旋转"。

"周旋"原指四处旋绕战场奋战，后来又衍生出形容人与人之间斡旋的意涵。

第二十一章 与【游】有关的汉字

旒
liú

指旗帜。

其他还有几个含有"𠂉",且有"旗帜"、"风幡"意涵的文字。虽然现代已不常见,但既然本章谈的是与"𠂉"有关的文字,不妨再多介绍几个"𠂉"的相关字。

首先是"旒"。

这是个由"𠂉"与"㐬"结合而成的字形。"㐬"为"流"的简写,有"流动"的意涵,亦指"飘扬的旗帜、风幡"。

古时规定,天子的旗帜须有十二旒(十二面风幡)。

现在,再介绍最后一个例子。

许慎在《说文解字》中,将"游"解释作"旌旗之流也"。现在要介绍的,就是这个解释中的"旌"字。

"旌"原指立于狩猎用的木造车辆"游车"上的旗帜,旗上饰有羽毛。后来这种饰有羽毛的旗子,被用来授与下属,以表扬各种功勋。

因此"旌"除了形容"旗子",也有"表扬"之意。

旌 [旌] 𣃘
jīng

原指立于狩猎用的木造车辆"游车"上的旗帜，旗上饰有羽毛。后来这种饰有羽毛的旗子，被用来授与下属旗帜，以表扬各种功勋。

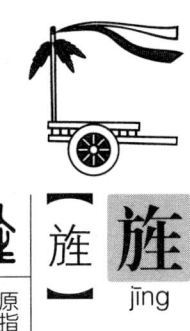

"旌羽"指"饰有羽毛的旗帜"，"旌表"指"表扬善行"，"旌功"则指"表扬功勋"。

现代的勋章或徽章，有不少仍饰有羽毛。在古时的中国，将士均以获颁"旌"为奋战的目标。

其他还有形容表扬贤能者的"旌贤"，与表扬仁德者的"旌德"等词。

借颁授饰有羽毛的旗帜表扬善行，可激励贤能及仁德者致力扬善。饰有鸟羽的旗帜的吸引力何其巨大，由此可见一斑。

"扩"的相关字的介绍，到此告一段落。

接下来将利用最后的篇幅，针对白川静先生对"游"字为何如此痴迷略作说明。

在与"游"有关的说明中也曾提及，白川静先生认为唯有神明有资格"游玩"。

"人"虽然也能"游玩"，但仅限于与神明一同游玩的场合。

在《神秘的汉字1》开头的第一章"与【手】有关的汉字"中，曾说明"寻"字的原意是"寻找神明所在之地"。

巫师右手持"口"（ᄇ），左手持法器"工"，张开双手询问神明何在的仪式谓之"寻"（尋）。依此描述推论，古人应该认为"神"的踪迹也是极难觅得的。

在本书第十二章"与【方】有关的汉字"中，也提及古代的中国人"常以'于彼乎？于此乎？'询问神明何在，以及该于何处祭神"。

由此推论，神明平时是隐秘而不现身的，但不轻易现身的神明，偶尔也会"出游"。

神明这种"出游"，便是"游"字的原意。

"游"（遊）字由代表旗手的"㫃"与代表行于道上的"辶"结合而成。古人认为氏族神之灵，就寄宿于旗手所持的氏族旗上。

那么，神是寄宿在旗子的哪个部分呢？就是旗帜的风幡上。

同样的，日本人也认为长条状的"领巾"具有特别的法力。

松浦佐用姬的传说就反映了这种信仰。据说钦明天皇时期，她曾与远征朝鲜的将军大伴狭手彦立约，并于松浦潟的山上（据传乃今日佐贺县唐津市的镜山）挥舞领巾，以示对别离的悲伤。

白川静先生表示，故事里别在棹上的领巾，便是"旗"。

前文提及天子的旗帜须有十二旒（十二面风幡），这故事似乎也反映出类似的逻辑。

此外，"游戏"一词如今多被用为无目的的"游玩嬉戏"，但"戏"字其实也源自与斗争、战争有关的模拟仪式。

"戏"（戲）是个由"虍""豆"与"戈"结合而成的文字，形容的是自后方以"戈"敲打头戴虎头（虍）、坐于小椅（豆）上的人的表演性祈祷仪式。

而"游戏"也是个和这种与战争相关的祈祷仪式有关的词（注2）。

"游"字在日文中的训读作"あそぶ"（译注：日文汉字写作"遊ぶ"，"游玩"之意），白川静先生认为这是"极为正确"的读法。

日文的"あそぶ"原本也是指"神明的游玩"，"あそばす"（译注：日文汉字写作"遊ばす"，为连接于动词之后，表示敬意的助动词）则是指在音乐演奏或狩猎活动中的神人合一。这原指与神明沟通、交流的字义，后来转移为形容贵人的行为，便成了现代日文中的敬语助动词。

白川静先生除了在著作中对"游"字做了上述的种种解说，在"游字论"中还提到了许多和"游"字有关的有趣故事。笔者衷心推荐感兴趣的读者亲自读一读。

至于白川静先生为何如此喜欢"狂"与"游"两个字？在此将陈述笔者个人的推论，以作为本书的结尾。

《论语》的"述而篇"中有句名言:"志于道,据于德,依于仁,游于艺。"白川静先生非常喜欢最后的"游于艺"。

"志于道,据于德"时,人依然执着于目的意识,受到规范的约束。即使"依于仁"时已摆脱了自我意识,但心中依然对某事有所期盼。

白川静先生在《中国古代文化》中做了如此分析后,又写道:"唯有达到最纯洁的,也就是接近神的状态时,人才可能'游于艺'。因为'游'(遊)原本形容的,就是神明才有的行为。"

至于喜欢"狂"字的理由,则是因为此字带有一种自由奔放、胸怀理想、不愿如凡人般平凡度日的意涵。

"游"字原指古代的中国人离开自己所属的聚落时所携带的氏族旗,亦有神明出游,也就是如神明般自由自在的行动之意。

可见白川静先生最钟爱的"狂""游"两个字,皆蕴含着跳脱规范、自由移动的语感。教白川静先生如此痴迷的,想必就是这两个字里自由、奔放的动感吧。

而白川静先生创新、严谨的汉字学,就是他这种精神的伟大成果。

(注2)参照《神秘的汉字1》第142页,与"戏"有关的说明。

后记

在听取白川静先生亲口陈述汉字起源，并将之撰写成报上连载那段时期，由于担心自己的理解有误差，笔者每次都将写成的原稿传真到先生位于京都的住处，供其校正。

每回，先生都以惊人的速度回复，大多是一小时以内，而且绝不仅是草草读完了事。笔者的理解若有任何不足，先生均会详细指正，即使笔者的理解完全正确，先生也会附上诸如"或许这么写较有助于一般读者理解"之类的提议。虽已九十几岁高龄，白川静先生的判断力与耐心，仍屡屡让笔者惊叹不已。

偶尔，笔者较晚才会收到回复，原因是碰上白川静先生外出散步。为维持体力而散步，是先生的日常习惯。但到了先生人生的最后一段时日，还是得由长女津崎史女士陪伴方能外出。在辞世前的前一年某日，先生于散步途中突然身体后仰，并高高举起拄着拐杖的双手，史女士问先生在做什么，先生便回答："Ina-Bauer"（译注：一种由德国花式溜冰选手伊娜鲍尔所发明，并以其姓名命名的溜冰动作，身体后仰，双脚一前一后靠冰刃滑行，乃日本冰后荒川静香的绝活）。由于史女士曾数度在言谈及文章中提及，此事因此成为一桩有名的轶事。

白川静先生之所以为冰后荒川静香小姐的粉丝，部分原因似乎是两人名字"しらかわ　しずか"与"あらかわ　しずか"（译注：前者为"白川静"的日文读音，后者为"荒川静香"的日文读音）的读音只差一个字。先生也常自嘲荒川静香小姐凭着几分钟的演出，便成为全球家喻户晓的名人，而自己钻研了几十年的汉字，至今却依然默默无闻，屡屡逗得周遭哄堂大笑。

白川静先生就是个这么幽默的人。虽然伟大汉学家的头衔，或许给人一种严肃的形象，但先生的个性其实是如此幽默豁达。阅读白川静先生的著书，即便是严肃的文字学著作，也不乏幽默点缀于字里行间，读来令人不觉莞尔。在这本《神秘的汉字2》中，笔者也数度提及了先生这幽默的一面。

本书内容多为笔者亲自向先生听取得来。虽然自认理解已臻透彻，但仍为没能在付梓前供先生先行过目而深感遗憾。为弥补此一憾事，笔者反复阅读先生的著作。读着读着，不时接触到先生的幽默精神，益发深信先生果真将研究汉字学视为人生一大乐事。

今秋，在先生周年忌前夕，其福井市的生家旧址立起了一块纪念碑，碑上刻有"游"之原字"斿"的古字字形。据说此字是先生生前亲笔写下的。笔者开始撰写本书时，便决定以"与【游】有关的汉字"作为最后一章。因为不仅笔者对此字十分喜爱，这更是先生最钟爱的文字。

白川静先生曾言，汉字诞生时期的远古中国人认为，唯有神明才有资格游玩。人虽然也可游玩，但仅可与神明同乐。想必先生如今正快乐地与众神嬉戏吧。虽然本书所介绍的多为带有恐惧性质的汉字，但仍衷心希望读者能在结尾体会到"游"字的自由精神。

二〇〇七年十一月
小山铁郎